给青少年讲红色纪念馆里的故事丛书（第二辑）

朱德
青少年时代的故事

朱德同志故居纪念馆　编著

中原出版传媒集团
中原传媒股份公司
大象出版社
·郑州·

图书在版编目(CIP)数据

朱德青少年时代的故事 / 朱德同志故居纪念馆编著.
郑州：大象出版社，2025.4. -- (给青少年讲红色纪念馆里的故事丛书). -- ISBN 978-7-5711-2158-7

Ⅰ. K827=7

中国国家版本馆 CIP 数据核字第 2024HX1819 号

给青少年讲红色纪念馆里的故事丛书（第二辑）

朱德青少年时代的故事
ZHU DE QINGSHAONIAN SHIDAI DE GUSHI

朱德同志故居纪念馆　编著

出 版 人	董中山
策 　 划	董中山
项目统筹	孟建华
责任编辑	冯丽颜　高　莉
责任校对	张迎娟
装帧设计	付铗铗
责任印制	张　庆

出版发行	大象出版社（郑州市郑东新区祥盛街 27 号　邮政编码 450016）
	发行科　0371-63863551　　总编室　0371-65597936
网　　址	www.daxiang.cn
印　　刷	河南瑞之光印刷股份有限公司
经　　销	各地新华书店经销
开　　本	720 mm×1020 mm　1/16
印　　张	11.75
字　　数	116 千字
版　　次	2025 年 4 月第 1 版　2025 年 4 月第 1 次印刷
定　　价	39.00 元

若发现印、装质量问题，影响阅读，请与承印厂联系调换。
印厂地址　武陟县产业集聚区东区（詹店镇）泰安路与昌平路交叉口
邮政编码　454950　　　　电话　0371-63956290

丛书编委会

丛书策划
（按姓氏笔画排序）

祁素娟　阳国利　李俊霏　赵　亮
聂　勇　董中山　黎洪伟

丛书编委
（按姓氏笔画排序）

任　非　许宏强　严定忠　李　丽
范伟成　周才军　房　中　房士鸿
孟建华　胡春兰　姜艳辉　彭明建
潘　炜

本书编委会

主　编

赵　亮

副主编

王　伟　胡春兰　赵　海

顾　问

林品强

编辑委员会成员

主　任　胡春兰

副主任　许宏强　朱茂泉

委　员　陈良平　代　容　李　亮　胡天明

　　　　　罗淑蓉　王　涛　陈　明

编写组成员

组　长　许宏强

副组长　罗淑蓉　朱茂泉

成　员　李　亮　高炯森　涂小清　朱　爽

　　　　　余　洋　陈　月

恰同学少年（总序）

"恰同学少年，风华正茂；书生意气，挥斥方遒。指点江山，激扬文字，粪土当年万户侯。"

百年前，以毛泽东、周恩来、刘少奇、朱德、邓小平、陈云等为代表的一群青年人，意气风发，斗志昂扬，心有万里山河，情系手足同胞，壮志凌云响彻九霄。他们走过泥泞曲折的道路，挨过漫长寒冷的黑夜，艰难险阻挡不住心中火焰，地冻天寒难凉一腔热血。面对满目疮痍的神州大地，他们的眼中依旧闪烁着坚定的光芒，他们敢教日月换新天！

青年的命运，从来都同时代紧密相连。近代以来，国家蒙辱，人民蒙难，文化蒙尘，中华民族遭受了前所未有的劫难。直到1921年，中国共产党诞生，中国革命的面貌从此焕然一新。一群风华正茂的青年，将自己的命运同时代的走向、祖国的未来紧紧交织，与所有不愿做奴隶的中华儿女一起，筑起了新的长城。

这群青年志存高远，初心不改。他们树立了为祖国为人民永久奋斗、赤诚奉献的坚定理想，高举爱国、进步、民主、科学的旗帜，不畏敌人的坚船利炮，为争取民族独立和人民解放挥洒青春热血。

这群青年热爱学习，追求真理。他们满怀激情学习先进思想，冲破封建束缚，实现思想解放。他们选择了马克思主义，推动了中国社会进步，促进了马克思主义在中国的传播，促进了马克思主义同中国工人运动的结合。他们坚持马克思主义的信仰毫不动摇。

这群青年立足实践，深入社会。他们知行合一，着眼于社会变革，读"无字之书"。他们到工农群众中进行调查研究，了解社会各阶层的情况，在实践中探索中国革命的出路，历经风雨，百折不挠。

习近平总书记指出："我们要沿着革命前辈的足迹继续前行，把红色江山世世代代传下去。革命传统教育要从娃娃抓起，既注重知识灌输，又加强情感培育，使红色基因渗进血液、浸入心扉，引导广大青少年树立正确的世界观、人生观、价值观。"韶山毛泽东同志纪念馆、周恩来纪念馆、刘少奇同志纪念馆、朱德同志故居纪念馆、邓小平故居陈列馆、陈云纪念馆联袂编写这套"给青少年讲红色纪念馆里的故事"丛书（第二辑），就是希望广大青少年朋友们从毛泽东、周恩来、刘少奇、朱德、邓小平、陈云六位伟人青少年时代的故事里汲取前行的力量，找寻人生的方向，披荆斩棘，满怀梦想，铸造辉煌！

时光流转，历史长河奔流不息，新时代的青少年要接好革命先辈们事业的接力棒，肩负起民族复兴的重任，自强不息，让青春在为祖国、为民族、为人民、为人类美好明天的不懈奋斗中绽放绚丽之花。

黎洪伟

2023 年 4 月

书生便应气如虹（代序）

1886年12月1日，朱德诞生在四川省仪陇县马鞍场李家湾一个贫苦的佃农家庭。朱德出生的时代，正是中国受到西方列强侵略、面临亡国灭种的时代。拯救祖国，振兴中华，成为朱德那一代青年志士的奋斗目标。他一生的志向、学习与友情，都与那个时代和当时的祖国命运紧密联系在了一起。

朱德立志读书救国，历经艰险，却初心不改。1896年，朱德进入席家碥私塾求学，了解到国难深重，开始懂得问国家事；进入顺庆府中学堂后，他忧虑国家将亡，确立了"读书不忘救国"的思想。此后，围绕着救国的主题，他进行了不断的探索。最初，他选择了教育救国，却因守旧势力过于强大而投笔从戎。之后，他参与了辛亥革命、护国战争等影响中国命运的大事件，由一名军校毕业生逐步成长为威震西南的滇军名将。原以为自己踏上了可以拯救中国于水火的道路，不料迎来的却是军阀混战、国家四分五裂的局面，为了寻找救国救民的真理，他抛弃高官厚禄，留学欧洲，在马克思的故乡德国，加入中国共产党，从此走上革命道路，他把自己的一切奉献给了共产主义崇高事业。南昌起义失败后，他在极端险恶的环境下，保存、壮大了革命的火种，领导了轰轰烈烈的湘南起义。随后，他率部与毛泽东会师井冈山，共同开创了井冈山革命根据地的全盛局面，从此"朱毛红军"成为中国革命的一面重要旗帜。

习近平总书记指出："只有理想信念坚定的人，才能始终不渝、百折不挠，不论风吹雨打，不怕千难万险，坚定不移为实现既定目标而奋斗。"朱德就是这样的人，无论多么艰难，他那颗读书救国的赤子之心始终都坚定不移。

朱德勤于学习、善于学习、乐于学习，而且养成了终身学习的品质。朱德6岁进入私塾，因学习勤奋，识字最多，受到老师喜爱；10岁进入席家碥私塾，遇到良师，养成了勤学钻研的好习惯。他不仅在传统学问方面打下了良好的基础，而且对新的科学知识也萌发了很大的兴趣，常常挑灯夜读，如痴如醉。在这一学习的过程中，他将所学知识与国家命运联系在一起，晓得要富国强兵，没有知识不行，对世界也产生了好奇心。更可贵的是，他能够克服困难，自觉将书本知识与实践相结合，在工作中学习，在生活中学习，不断提高学习能力。他经常用"革命到老，学习到老，改造到老"要求自己，用中国的一句古话"活到老，学到老，还有三分学不了"勉励周围的朋友，强调"不学习就会落后，就不能跟社会一道前进"。这就是朱德！他的一生，从佃农之子到中华人民共和国的开国元勋，角色在变，任务在变，但是他那颗学无止境的奋斗之心却始终未变。

此外，朱德还善于结交朋友。他与朋友真诚相待、互帮互助、肝胆相照，结下了深厚的友谊，虽历经风雨，仍毫不褪色。在读书求学的生涯里，朱德遇到了老师刘寿川和李根源，与他们亦师亦友，终生不渝；在革命的征程里，他遇到了刘伯承、孙炳文和周恩来，与他们志同道合、惺惺相惜；在艰难的境地中，他遇到了了尘和尚、雷允飞和范石生，与他们患难与共、风雨同舟……这一段段温暖的友情佳话，构成了朱德求学、救国路上的动人风景，再现了朱德广交朋友、真诚待友、能交真友的魅力人生。这就是朱德！他的一生，从大山之子到人民领袖，角色在变，职责在变，但是那颗交友惜友的真诚之心却始终未变。

2016年11月29日，习近平总书记在纪念朱德同志诞辰130周年座谈会上指出："在近代我国波澜壮阔的历史进程中，一代又一代共产党人团结带领全国各族人民接续奋斗，使中华民族走出了近代以来前所未有的苦难，迎来了今天实现中华民族伟大复兴的光明前景。朱德同志就是这些共产党人中的杰出代表，是我国民族英雄璀璨群星中的一颗巨星。"

伟人事迹、伟人精神，是青少年成长的重要精神食粮。真诚地希望青少年朋友们，透过朱德这颗"中华民族的巨星"，感悟近代以来中国的历史巨变，在伟人精神的感染下，立志成才、立德修身、陶冶情操，使红色血脉代代相传。

少年强则国强，少年进步则国进步。希望青少年朋友们，立志向、齐奋进、共相助，成为新时代的追梦人、圆梦人和国家建设的中流砥柱。因为，你们有希望，国家便有力量！

2022 年 4 月

目　录

第一篇章

立志篇......001

学堂立志　　祖国安危人有责......003

回乡教书　　教育救国路难行......008

投笔从戎　　救国于水火之路......013

护国讨袁　　一战成名棉花坡......018

卷入混战　　少将旅长多烦恼......023

抛官弃禄　万里寻找共产党......027

确立信仰　留学欧洲寻正道......031

配合北伐　万县抗英试锋芒......036

调查敌情　南昌起义好向导......042

肩负殿后　三河坝前阻强敌......047

主力虽败　誓把革命干到底......053

力挽狂澜　"要革命的跟我走"......059

播下惊雷　革命雄火遍湘南......065

开创新篇　朱毛会师井冈山......071

第二篇章
求学篇......077

识字最多　私塾里最小的学生......079

目 录 003

幸遇良师　"旧学""新学"齐头并进......083

环境逼仄　千锤万凿为开窗......087

感悟生活　从社会中学习......091

妙手天成　课桌上的桃心形图案......094

联系实际　学习才能富国强兵......099

勇于探索　在锻炼中学习......103

目的明确　学习重在应用......106

科学分配　书本实践相结合......110

持之以恒　学习态度要专注......114

第三篇章
交友篇......117

深情厚谊　为刘寿川题碑文......119

志同道合　亲密战友刘伯承......124

良师益友　革命引路人蔡锷......128

师生情浓　主祭送别李根源......133

肝胆相照　莫逆之交孙炳文......136

患难之交　避危躲难昭觉寺......141

情趣相投　忧思寄于碑文中......146

金兰之交　川边结义雷允飞......151

革命情缘　赵镕与警察厅长......155

同学情深　与范石生的合作......160

附录　朱德同志故居纪念馆简介......165

后记......167

第一篇章

立志篇

近代中国，屡遭列强侵略，大有亡国灭种之危。救亡图存遂成时代主题。青年朱德感愤于此，立志"读书不忘救国"，走上了艰辛的探索之路。他先后选择了教育救国、从军报国，经历了辛亥革命、护国战争、护法战争、北伐战争、南昌起义、湘南起义、井冈山斗争等重大历史事件。从立志救国，到开创井冈山革命根据地的全盛时期，朱德探索、奋斗了22年。其间，他有几次大抉择：教育救国不成，选择投笔从戎；从军救国无望，选择抛官弃禄、万里寻党；南昌起义军主力惨败后，毅然坚持革命，保存、壮大了革命火种。这些抉择的背后是一个信念坚定、探索不息的朱德——历经挫折，初心不改；饱受考验，本色依旧！下面，就让我们走近那个时代，了解朱德的非凡探索。

学堂立志

祖国安危人有责

《顺庆府中学堂留别》

骊歌一曲思无穷，今古存亡忆记中。
污吏岂知清似水，书生便应气如虹。
恨他狼虎贪心黑，叹我河山泣泪红。
祖国安危人有责，冲天壮志付飞鹏。

这是朱德在1906年冬写的一首诗。诗中的"狼虎"指的是什么？祖国当时面临什么危险？朱德是怎么知道的？他又是怎样一种态度？

鸦片战争之后，中国不断遭到西方列强的侵略，生存危机越来越严重。甲午中日战争，中国又惨败于日本。"亡国灭种"的焦虑弥漫全国，"救亡图存"成为时代的最强音，"变法强国"的呼声越来越高，于是就有了1898年6月到9月的戊戌变法运动，但这场运动最终还是失败了。

朱德这时只有12岁，生活在四川省偏远的仪陇县马鞍场。他的私塾老师叫席聘三，是一个胸怀天下、关注国家大事的读书人。席聘三给学生讲述了西方列强对祖国的侵略和戊戌变法运动失败的情况，朱德这才知道了中国遭受了许多不平等的待遇，知道了有识之士的救国主张和努力。

青年朱德

朱德深受触动，向席先生借来维新运动的相关著作，一边抄写，一边领会，希望对祖国的遭遇有更多的认识，看看有什么办法可以拯救她。在阅读中，朱德受到书中革新思想的启发，尤其对加强军事力量的主张非常感兴趣，开始注重体育锻炼。这为他后来选择教育救国、选择投笔从戎打下了思想基础。

民族的苦难、祖国的命运牵动着朱德的心，他开始关注时局，也懂得问国家事。随着对祖国遭受侵略的深入了解，救国救民的壮志情怀在朱德的心中逐渐燃烧起来，而且越来越旺盛。在顺庆府求学时，他直接表达了对时局的忧虑和救国的志向。

1906年秋，朱德进入顺庆府中学堂学习。学堂的校长张澜和一些教师都是从日本留学回来的热血志士。他们对中国面临的严重民族危机,比席聘三有着更直接更深刻的认识。1904年到1905年,两个野心勃勃的国家——日本和俄国,为了争夺中国东北的权益打了起来。战火蹂躏着东北大地,但是软弱无能的清政府却宣布中立。这使张澜等有识之士感受到了前所未有的亡国灭种之虑。为了唤起更多国人的觉醒,他们在给朱德等学生讲课或和他们谈话时,不断介绍帝国主义侵略中国的事实,还经常隐晦地抨击清政府。

张澜激愤地告诫学生:"要亡国灭种了,要牺牲身家性命,去救国家。"他的这句话使已经懂得问国家事的朱德深受震撼。作为社会底层中饱受欺压的劳动人民的一员,朱德对祖国的苦难和屈辱十分敏感和痛惜。"救国"的意识深深植入他的心海,他由此接受了"读书不忘救国"的思想,读书救国成为他一生中思想发展的一个重要转折!

1906年冬,朱德从顺庆府中学堂毕业。离别时,20岁的朱德写了篇首的那首诗《顺庆府中学堂留别》,赠送给好友戴与龄。

朱德的这首离别诗,名为留别,实乃立志。它没有传统的离愁别恨之苦,只有对古今历史兴亡的追忆和反思。一句"今古存亡忆记中",将中国的命运放到上下数千年的历史长河中来思考,宏大厚重的历史感和望眼千年的深邃洞见,非一般的咏史诗可以比拟。从这首诗中我们可以看到,朱德对祖国的内忧外患有着清醒的认识,对自己的使命也有着清晰的定位。

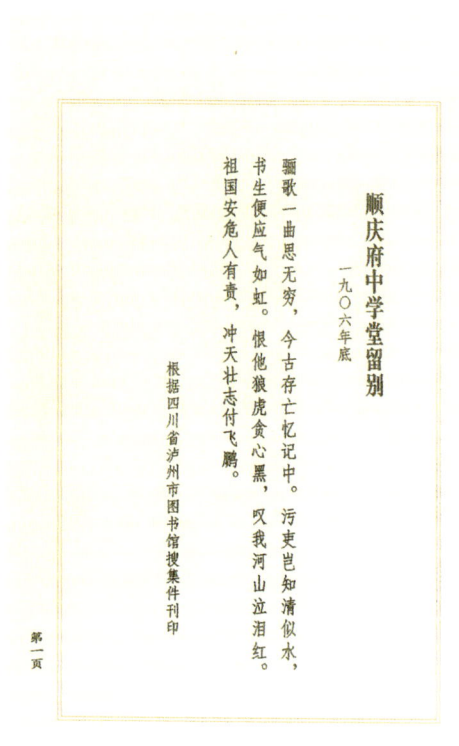

朱德创作《顺庆府中学堂留别》一诗

他以污吏与书生、列强的狼虎之心和祖国的泣红之泪对照描写，反映出"人为刀俎我为鱼肉"的严峻国势，以及自己爱国报国的赤子情怀。他以书生自况，喊出"祖国安危人有责，冲天壮志付飞鹏"，明确表示出"天下兴亡，匹夫有责"的担当意识和挽民族于危难的远大志向。至此，一颗救亡图存、救国救民的爱国之心跃然纸上。这就是朱德的初心使命。

从在席聘三先生那里了解到祖国遭受的侵略，到在顺庆府中学堂接受"读书不忘救国"的思想，进而挥毫写下"祖国安危人有责，冲天壮志付飞鹏"的壮丽诗句，朱德最终确立起了救国救民的初心。

此后，围绕着如何实现初心使命，朱德开始了不同寻常的探索和奋斗。而接下来，我们要讲述的教育救国，就是他的第一个实践。

（朱德同志故居纪念馆文博助理馆员　余洋）

历史小天地

师生讨论时局

1900年夏，朱德等学生与席先生讨论时局。席先生问，学生们答。"义和团现在和八国联军作战，能打得赢吗？""不能！"学生们沉痛地说。"我曾经对你们讲过救国之道，是怎样讲的？""努力用功，将来到国外学习西洋科学。"……学生们悲痛地回答，有的还落了泪。这种问答方式，使朱德更加清楚了中国的遭遇和自己的责任。

回乡教书
教育救国路难行

"教书不是一条生路"

朱将军提到，仪陇县这段经历在他的一生中是重要的经历之一，他了解到封建势力是如何的根深蒂固，同时，他也获得了积极斗争的信心。他的知识和眼界开阔了，在看到国家危难越来越严重后，他深深感到"教书不是一条生路"！

这是朱德在抗战期间对美国作家艾格妮丝·史沫特莱讲述的。他说的教书就是教体育。那么，他为何要去教书？为何认为"教书不是一条生路"？他又将何去何从呢？

我们在学生时代上的体育课，在一百多年前的20世纪初是一个时髦的课程。体育锻炼能够增强体魄，因而被认为是战胜敌人、救亡图存的一种手段。

在席聘三先生的教授下，朱德不但广泛地阅读古籍，还利用各种机会广泛地阅读了戊戌变法后出版的新书，如地理、数学等。

数年之后，他听说成都新设立了一座官立高等师范学校，特别设有体育专修科，在那里念一年便可以出来做体育教师。体育在当时还是一门新学科，朱德虽然平时喜欢体育锻炼，但是之前却从未听说过它是一门学科。1907年春，21岁的朱德考上了这所学校，即四川通省师范学堂附设体育学堂。

朱德入学后，被编入了甲班。课程有修身、国文、教育、儿童心理学、生理卫生学、算术、图画、音乐唱歌、兵学、教练、枪操、普通操、器械等。这年年底，他以优良的学习成绩从体育学堂毕业，十二门功课的平均分数是82.3分，其中器械获得了100分，心理获得了98分，教练获得了92分，算术获得了90分。1908年春，朱德怀着教育救国的想法，在老师刘寿川的推荐下，来到仪陇县立高等小学堂当体育教师。

这所学堂原名金粟书院，由一批秀才、举人主持，后因推行

仪陇县立高等小学堂（今金城小学）

办新学而改为仪陇县立高等小学堂，虽然改了名字，但教学内容、授课方式还是老一套。与此形成鲜明对比的是，朱德与新来的其他教师则积极提倡新学新办，向学生灌输新文化、新思想。而守旧文人和地主豪绅却视新学为洪水猛兽，阻挡了他们的生财之道，极力反对。在他们的阻挠下，朱德这批新教师经过努力才招到十二个学生。即便如此，守旧分子也大为震惊，还写打油诗挖苦、讥讽道："十二学生五教员，口尽义务心要钱；未知此事如何了，但看朱张刘李田。"其中的"朱张刘李田"，指的就是朱德、张四维、刘寿川、李绍沆和田玉如五位新教师。

挖苦、讽刺之后，守旧势力还是不肯善罢甘休。他们一计不成，再生一计，向县里诬告学堂的新教师是些"假洋鬼子"，教的是野蛮思想，有损国粹；还说朱德教的体育课要求学生穿短褂和裤衩，是"猥亵的课程"，有伤风化；甚至还污蔑说，朱德出身贫贱，教的所谓体育，就是叫孩子们脱光衣服，在教师面前做柔身体操。可贵的是，学生家长以很大的勇气和精力，给予新老师卫护。他们轮流来看朱德上体育课，还向外间解释说，学生并没有脱光，都穿着短褂、裤衩，而且学生也应该强壮身体，免得生病。

然而，学堂还是暂时被县衙查封了。新教师们还被带到知县面前接受质问。面对污蔑，朱德发表了演说。他解释说，他们的教育方法是按照成都新学堂的要求实施的，而且新学堂是总督推行的。他还强调了体育的重要作用。他说，体育课是保持学生身体健康和增强学生体质的课程，所有新学校都在采用。外国敌人接二连

第一篇章 立志篇

三打败我们中国,一个重要的原因就是我们的体格不如外国人强健。只有加强体育锻炼,强壮体魄,才能救国强国。我们的邻国印度之所以打不过英国,沦落为英国的殖民地,与他们体格不如英国人有很大的关系。我们应该汲取教训,免得重蹈印度的覆辙。

朱德的演说说明了体育课的目的和作用,维护了新学堂的声誉。经过朱德和其他教师联合社会上一部分进步人士的据理力争,县衙最终被迫收回了成命。

新学堂被查封的风波不但没有使新学受到损失,相反还使人们对新学有了进一步认同。重新开学后,学生从原来的十二人增加到了七十多人。

至此,守旧势力无论是在法律上还是舆论上都遭到了失败,但是他们仍不死心,又采用各种卑鄙手段捣乱,比如雇用流氓在学校门前打翻粪桶和尿桶,甚至收买打手在街头袭击学生。朱德平时对人宽宏大度,但对这种无理的做法决不能忍受。他教学生学习武术,进行自卫,并将几个捣乱的流氓送到官府去。那些家伙为了顾全自己,也只好把出钱的人供了出来。

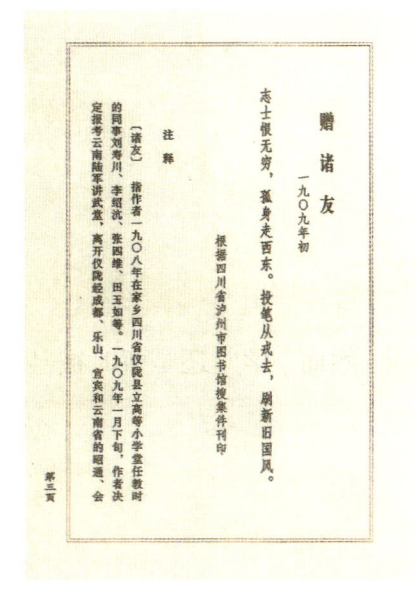

朱德创作《赠诸友》一诗

转眼就到年底了。这一年新旧冲突的经历使朱德感到"教书不是一条生路",要拯救这个国家,体育的力量是不够的,必须从军事入手。于是,他毅然辞去教师职务,还写下了表明心迹的诗篇《赠诸友》:

志士恨无穷,孤身走西东。

投笔从戎去,刷新旧国风。

在这首诗中,朱德借用东汉班超"投笔从戎"的典故,立志从军报国,刷新中国面貌,塑造社会新风。朱德的救国方式变了,但是救国的目标却更加坚定了。

(朱德同志故居纪念馆文博助理馆员 佘洋)

历史小天地

朱德受到排挤

朱德是农民的儿子,旧时属于下层人民,现在居然做了县里最高学府的教员,便遭到守旧分子的忌恨。孔子诞辰,学堂的教师按惯例会分到一两斤祭祀用的猪肉、牛肉,叫作"胙肉"。可是朱德却连一两都没有分到。在当时,这对一个教师来说,是一种莫大的侮辱。朱德对这些却毫不在意,认为"不吃那点肉,我倒觉畅快些"。

投笔从戎

救国于水火之路

决心到云南去

朱德教了一年的体育后，决心到云南去。他后来回忆说："决心是怎样下的呢？问题就是非得救国不可。"到云南后，他考入了云南陆军讲武堂。他为何要选择云南，而不是其他地方？他是怎样考入军校的？在军校的表现又怎么样？他是否如愿走上了从军救国的道路？

1908年年末，朱德带着无穷的遗憾，辞去了教书的工作，决定和朋友敬镕一起前往云南昆明，报考军校。

四川省和云南省虽然相邻，但是从仪陇到昆明却并不近。四川也有军校，朱德为何还要千里迢迢去昆明呢？青年朱德认为，云南处于中国的边疆地带，国防地位十分重要，法国殖民者又对它垂涎三尺，使它成了最危险的国防前沿，而救国就要去最危险、最需要的地方。

云南陆军讲武堂旧址

1909年春，23岁的朱德离开了仪陇。他在成都与同学敬镕会合后，经过七十余天的长途跋涉，来到了云南昆明。这时，正逢云南陆军讲武堂招生，但是，朱德的报考之路并不顺利。报考的结果，敬镕用云南昭通府大关厅的籍贯（他其实是四川南部县人）被录取；朱德仍用四川原籍报名，由于外省人不容易被录取，又没有当地老住户或大户介绍，考试成绩合格的朱德还是落榜了。

这时，朱德身上带的盘缠几乎花完。为了渡过难关，他只得先投入川军步兵标（相当于团）当兵。因为表现优异，朱德随后被推荐报考云南陆军讲武堂。他原名朱代珍，1905年因参加科举考试而改名朱建德，此时报考讲武堂，便把名字改为了朱德。这一次，他吸取了教训，打听到云南蒙自无人报考，便以云南蒙自人的身份报名，终于考入了讲武堂，被分配到丙班步兵科。

几经周折，进入到"恐怕是当时中国最进步、最新式"的军校，朱德格外高兴，也倍加珍惜学习军事的机会。

既然是当时最好的军校之一，讲武堂的军事教育和训练也自然非常严格。就科目来说，朱德要学习步兵、骑兵、炮兵、工兵四科。此外，还要完成图上战术作业、沙盘教育、实地测绘和野外作战实习等训练，培养指挥作战的能力。在操场上，严格地进行班、排、连、营、团的队列教练，要求每个人姿势端正，动作敏捷，各个动作都要反复练习，做到纯熟了才能结束。

严格归严格，但是朱德却感到兴奋不已，学习得很舒服。因为离家很远，没有什么牵挂，他学得特别专心致志。同学杨如轩后来回忆说，朱德在讲武堂时期给人印象最深刻的就是他刻苦好学，哪怕休息时间，也在看书或锻炼身体。

优质的教育，严格的要求，勤奋的品质，使朱德在学习上如鱼得水，他很快就从人才济济的云南陆军讲武堂脱颖而出。他的学科、术科和普通学科都取得了优秀成绩，其中术科成绩尤为出众。不但如此，朱德指挥队伍时，动作干净利索，喊口令时声音洪亮，为全校之冠。每当遇到外国领事到讲武堂来参观，总办李根源总是从学生中指令朱德和朱培德两人出来指挥，同学们一时称他们为"模范二朱"。

朱德投笔从戎，就是要从军事入手，救国救民。在云南陆军讲武堂，他终于看到了曙光。

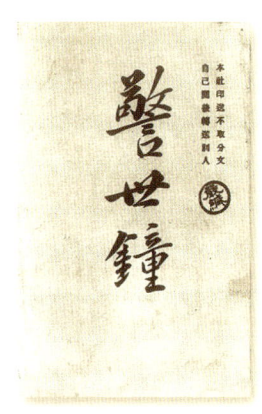  

中国民主革命者陈天华及其所著《警世钟》《猛回头》

在孙中山的民主革命思想的影响下，朱德加入了革命组织同盟会，秘密地阅读了《云南》《天讨》《警世钟》《猛回头》和《民报》等宣传革命的书籍和刊物。他相信只有"驱除鞑虏，恢复中华，创立民国，平均地权"，中国才有希望。怎样发动革命起义，推翻腐败无能的清王朝，已经成为朱德与同学们经常讨论的话题。

革命书刊《天讨》

不但如此，朱德还和同学唐淮源、杨如轩、杨池生等七八个人组织了一个由他取名的革命团体，即五华社，主张"奋发互励，富国强兵，拯救中华民族的危亡"。他高兴地说道："我一心一意地投入了讲武堂的工作和生活，从来没有这样拼命干过。我知道我终于踏上了可以拯救中国于水火的道路。"

1911年8月，朱德从云南陆军讲武堂毕业。10月10日，武昌起义爆发，揭开了辛亥革命的序幕。10月30日，云南革命党人在昆明发动起义。朱德参加了这次起义，还活捉了云贵总督李经羲。11月，朱德又率部支援四川革命党人的反清活动，随后升任为连长。1912年5月，在庆功大会上，朱德因指挥有方、战功卓著，被蔡锷授予"援川"和"复兴"两枚勋章，晋升为少校。

从写下《赠诸友》明确表示投笔从戎，到成为推翻清王朝的有功志士，朱德一步一步走向了"刷新旧国风"的历史前台。

（朱德同志故居纪念馆文博助理馆员　余洋）

历史小天地

火攻冷水沟

1914年9月，朱德率部将以方位为首的土匪包围在一个叫冷水沟的地方。土匪见势不妙，躲进冷水沟下街的客店黄喜店，负隅顽抗，企图挨到天黑逃走。朱德决心不让一个土匪走脱，同时鉴于久攻不下，便采取火攻的办法。此招一出，土匪纷纷跳窗而逃，被一一击毙，剩下的只有投降。事后，当地知县根据朱德的建议，按照市价赔偿了店铺的损失。朱德冷水沟剿匪的故事也传遍了滇南各地。

护国讨袁
一战成名棉花坡

第二次云南起义

> 袁世凯他自己以为皇帝可做了。但是当时云南的革命者却非干不可,便开始布置。蔡松坡在北京时,袁世凯十分注意他,终于逃回来,就又来领导了第二次的云南起义。

这是朱德后来的回忆。文中的蔡松坡,即蔡锷,"第二次的云南起义"指的是护国战争。这场战争因何发生?朱德在战争中有何表现?战争的结局又如何呢?

辛亥革命推翻了清王朝,建立了中华民国,几千年的帝制从此结束了。继孙中山之后,袁世凯当上了临时大总统。就职的时候,他信誓旦旦地表示,要拥护中华民国,决不使帝制重现于中国。

然而,很讽刺的是,他却自食其言,于 1915 年 12 月 12 日宣布恢复帝制,改中华民国为"中华帝国",以 1916 年为洪宪元年。消息传出,全国舆论一片哗然。中华民国即将夭折,中国有再次

第一篇章　立志篇

任护国军支队长（相当于团长）时的朱德

走上帝制之路的危险！

12月25日，蔡锷、唐继尧、李烈钧等人在昆明通电全国，宣布拥护民国，反对帝制，武力讨袁，随即组织护国军。关乎中国命运走向的护国战争由此爆发！

1916年元旦，护国军在昆明举行了讨伐袁世凯的誓师大会，随后蔡锷率领护国军第一军，共六个支队，北上讨伐袁世凯。朱德是第六支队的支队长。

北上讨袁，必经四川。川南的泸州作为必经要道和重庆的主要门户，成为交战双方必争之地。

护国军进军泸州，最初还算顺利，谁料北洋军偷渡长江，随后向纳溪推进。护国军受挫，不得不退守纳溪。于是，攻守的形势发生逆转。护国军攻泸之战一变而为纳溪保卫战。其中，在纳溪城东的制高点棉花坡的攻防战成为影响整个战局的关键，直接关系到全国护国讨袁运动的成败。

因此，棉花坡的战斗异常激烈。北洋军集中了张敬尧等部优势兵力，仗着械弹充足，昼夜不停地以猛烈火力轰击棉花坡阵地。

护国军的阵地随时有被突破的危险。危急关头，蔡锷电令朱德率第六支队火速增援纳溪。朱德接令后，马不停蹄地赶到前线，接手了第三支队岌岌可危的防务。稳住阵地，成为朱德的首要任务。

打恶仗，需要士气和顽强的战斗精神。朱德鼓励部队说："北军不经一打，他们从平原跑到山地来，连走路都成问题，而且我们反袁是义师，他们是师出无名，所以胜利一定是我们的。"他亲自组织部队进行白刃战和夜战，以身作则，顽强地抗击北洋军一次又一次的进攻，终于守住了阵地。

随后，护国军以攻为守，分三路进行反击。其中朱德率两营，附一个炮兵连和机枪排，从棉花坡向菱角塘进攻。北洋军凭借居高临下的有利地形和坚固的防御工事拼死抵抗。朱德决定以一个营从正面用猛烈的炮火牵制敌人，而将大部分兵力迂回到敌人的侧面进行攻击。北洋军遭到出其不意的打击，损失惨重，随即组织更多兵力向朱部正面阵地猛烈反扑，突破了几个缺口。朱德在友军支援下，夺回了失去的阵地。由于朱德在这次战斗中指挥有方，上级又把护国川军的一个营交给他指挥。

2月28日，护国军再次发起反攻。在朱德等支队的猛烈攻击下，北洋军阵地不断缩小，部分阵地甚至遭到摧毁。3月17日，护国军开始全面反攻，朱德将步兵、炮兵结合起来，猛打猛攻，相继占领五里山、蓝田坝等地，北洋军一败涂地。不可一世的袁世凯不得不派人商讨停战事宜。

这场以棉花坡为中心的纳溪保卫战，以护国军的胜利、北洋军的失败而告终，极大推动了全国护国讨袁势力的大联合。此战之后，广东、浙江、陕西、四川、湖南等省相继响应，宣布独立，抵制袁世凯的帝制。6月6日，袁世凯在一片声讨中忧惧而死。

朱德在护国战争中表现很突出。他始终坚持在作战第一线，英勇善战，战功卓著。很多次当战线面临崩溃的危险时，他率领的部队一赶到，就支持住了，往往还能反败为胜。他因此成为远近驰名的滇军名将。同时，这场战争使朱德学会了打大仗，正如他自己后来所说："我这个团长指挥三四个团，一条战线，还是可以的。"

朱德以自己的军事才华，为结束袁世凯的帝制，为保存中华民国之名，做出了不朽的贡献。救国救民，壮志可酬，朱德意气风发地写下了诗句："物色风尘谁作主，唯看砥柱正中流。"他不仅要救国救民，还要做力挽狂澜的中流砥柱，其自信、其胆识、其担当为世人所敬仰。那么，现实会如他所愿吗？

（朱德同志故居纪念馆文博助理馆员 余洋）

历史小天地

朱德组织敢死队

护国军全面反攻时，朱德组织了一支八十人的敢死队，夜袭敌军。他在敢死队的旗帜上写了一个"朱"字，告诉敢死队队员说："在战斗中看着这面队旗，人在旗在，旗在人在，只进不退，誓与队旗共存亡。"随后，他率领敢死队插入敌阵，同敌军展开白刃战。北洋军惊慌失措，大败而逃。这一仗，敢死队出奇制胜，展现了护国军的胆识和军威。

卷入混战
少将旅长多烦恼

《征人怨（其二）》

频年征战苦催人，一着征袍困此身。
戎马仓皇滇蜀道，风烟迷漫永泸城。
羁縻一水销豪气，转战孤城负好春。
几度慰忠亭下望，困民水火泪沾巾。

这首诗是朱德在1919年8月写的，表达了他对征战的不满和对百姓的怜悯。是什么让他频繁征战？征战，不正是军人建功立业、扬名立万的大好机会吗？他为何还要苦闷？

护国战争结束后，朱德所部因作战有功，得到首先开进泸州的荣誉。他是多么期望中国从此走上一条光明的道路啊！然而，时局如棋局，云谲波诡，变化之快令人瞠目结舌。

1917年夏，驻防徐州的军阀张勋，趁着黎元洪总统免去段祺瑞国务总理职务的机会，领兵进京，迫使黎元洪解散国会，废弃《中华民国临时约法》。随后，他又拥戴退位的溥仪复辟帝制。段祺瑞乘机兴师讨伐张勋，再次出任国务总理。但是，段祺瑞公然破坏《中华民国临时约法》，拒绝恢复国会。7月中旬，孙中山宣布维护《中华民国临时约法》，护法运动由此开始。

云南督军唐继尧，为了图霸四川，乘机打出"护法"的旗号，组建靖国军，大举进攻四川。朱德被委任为靖国军第二军第十三旅旅长，卷进了这场战争。

1917年在泸州时的朱德

很快，他意识到，唐继尧所谓的护法，只是打击企图独揽四川大权的川军刘存厚，而非北洋军阀。朱德对此大为困惑，致电唐继尧，请求北上讨伐北洋军阀（即北伐），而做着"西南王"春秋大梦的唐继尧，却毫不理睬这位部下的建议。

滇军的图川之战一波三折。9月到11月，川军刘存厚等部向驻扎川南的滇军发起猛攻。滇军师出无名，不再像护国讨袁运动时深受百姓欢迎，几经激战，结果节节败退，最后连泸州也失守了。朱德不得不率部退往纳溪。这时，天寒地冻，部队衣衫单薄，补给无源，士兵情绪低落，无心恋战，加上北伐遥遥无期，朱德陷入了忧虑之中。

1917年12月，滇军在川南发起反攻，夺回了泸州。1918年3月，刘存厚等部败退陕南，四川战局顿时改观。

还在1918年2月，也就是刘存厚败退陕西前的一个月，朱德就直截了当地表达了自己的看法。他召集第二军中的骨干军官开会，告诉大家，天天打仗不是个办法，老百姓太苦了，作为军人也不能这样盲目地打下去。不要看我们打胜仗的时候多，时间长了，总会打败仗的。与其失败的时候再退兵，不如趁现在把部队撤回云南去。他进一步提出了"撤回部队，还政于民，川滇和解"的主张。短短十二个字，体现出一个将军的智慧，反映出心有百姓、胸怀家国的赤子情怀，与泛泛之辈、赳赳武夫形成鲜明的对比。

在胜利的欢呼声中，朱德以为北伐的时机总算盼到了。为了避免川军与滇军的冲突，实现北伐，他主张四川督军一职由在四川有着革命经验和威望的熊克武担任，然后集中休整部队，积极准备出川，同北洋军阀作战。在政治上，他渴望政局稳定，国家的发展有一个好的基础；在民生上，他希望百姓安居乐业。对一个军人而言，打仗是建功立业的大好机会。然而，对于像朱德这样有着救国救民使命和政治韬略的将领而言，战争一旦沦为称王称霸的工具，它的意义就大打折扣。可是，滇军统帅唐继尧却不肯罢休，图川不成，决不撤军。朱德向他提出的北伐主张也化作泡影。

回想护国战争后，那种"物色风尘谁作主，唯看砥柱正中流"的壮志情怀，再体会如今军阀混战、民不聊生的惨况，朱德感到现实与愿望背道而驰。他曾为自己"终于踏上了可以拯救中国于水火的道路"而感到自豪，为建立民主共和国而努力奋斗，然而得到的结果却是军阀割据，救国的目标遥不可及。他陷入了一种怀疑和苦闷的状态，同时又因为找不到出路而焦虑彷徨。他厌恶了战争，感叹"频年征战苦催人"，忧虑"困民水火泪沾巾"。

那时，朱德已是少将旅长，有着官途似锦的远大前程。然而，国家的四分五裂、百姓的水深火热和个人的锦衣玉食形成的鲜明对比，深深灼烧着朱德那颗救国救民的初心。

他不甘心。他虽然也期望"博得勋名万古垂"，但始终没有忘记"誓拼热血铸中华"的雄心壮志。可是，光靠热血就能铸造中华吗？有没有一条新的道路可以供他参考或选择呢？

（朱德同志故居纪念馆文博助理馆员　余洋）

历史小天地

石公石婆

屹立千年共白头，几经沧海历春秋。
狂风飒飒无心动，细雨霏霏助泪流。
似悯苍生遭战劫，谁怜二老守荒丘。
青山绿水长相伴，难解胸怀万斛忧。

朱德不仅能征善战，而且还能诗善文。这是他在1918年看到两块形似年迈的公公、婆婆的巨石，有感写下的诗歌。这首诗看似写物——石公石婆，实际上写出了朱德忧国忧民的情怀。

抛官弃禄
万里寻找共产党

走上新的革命道路

> 有的人做了军阀而不思悔改；有的人随军阀陷入泥潭，但最终找到了新的革命道路；也有人看到了新的道路，却因为过去中毒太深而不能自拔。许多国民党军人变成了新军阀。而刘伯承和我两个人则找到并走上了新的革命的道路。

这是朱德在抗战时对早年卷入军阀混战的回忆。那么，朱德是如何发现并走上新的道路的？又是如何加入中国共产党的呢？

陷入军阀混战泥潭的朱德十分痛苦，却从未沉沦成为新的军阀。相反，他写下"岁寒劲节矜松柏，正直撑天永不移"的诗句，表达对革命的坚定信念。就在他彷徨于救国无路时，五四新文化的思潮悄然传入了泸州，使他大开眼界。

从1919年下半年起，朱德和挚友孙炳文经常埋首书斋，一起阅读《新青年》《每周评论》《新潮》等传播新思想的刊物。革命道路问题成为他们经常讨论的中心话题。

俄国十月革命的成功引起了朱德的注意,他很赞赏俄国"不劳动者不得食"的办法,认为中国只有实行像俄国那样的办法才有出路。

1920年11月,驻川滇军被川军赶出了四川;同时,国内的军阀混战愈演愈烈。中国到底是怎么了?朱德百思不得其解。为何俄国的十月革命能成功,而辛亥革命后的中国却是这般模样?其中有何玄奥?经过长时间讨论和反复对比,朱德认为:中国的革命一定是在某个根本性的问题上出了毛病,今后不能继续走旧军队所走的老路;但在走上其他道路之前,应先研究外国的政治思想和制度,看看外国怎样维护它们的独立;有必要学习俄国的新式革命理论和革命方法,从头来进行革命。

于是,到国外去寻找新的救国道路便成了朱德人生的又一个抉择。

1922年3月,朱德离开了云南,于6月到达上海。在上海,他了解到蓬勃兴起的工人运动,深受触动,又了解到领导者是中国共产党,便想要联系这个党,加入这个党。从云南到上海,只是朱德寻找革命道路的前奏曲,可是却充满了种种诱惑和曲折:在重庆,杨森许以师长之职,没能留住朱德;在上海,孙中山许以十万军饷,没能请出朱德;同样是在上海,陈独秀认为朱德当过高级旧军官而拒绝他的入党申请,也没能动摇朱德。

这就是朱德,打定主意要从头来进行革命的朱德!

朱德（前排右一）、孙炳文（后排右一）在哥廷根与入党介绍人张申府（前排左一）等人合影

陈独秀没有答应朱德的入党要求，朱德只好按计划去海外寻找拯救中国的道路。

1922年9月初，朱德与孙炳文等乘坐法国邮船"安吉尔斯"号离开上海，经过四十多天的航行，漂洋过海，终于到达法国。当听说中国留法学生建立了中国共产党的旅法组织，其主要负责人周恩来在德国，他们便乘火车前往德国，找到了周恩来。

与周恩来的初次见面，成为朱德一生特别难忘的日子。朱德顾不得拉过来的椅子，端端正正地站在这个比他年轻10岁的青年面前，用平稳的语调说明自己的身份和经历：他怎样逃出云南，怎样会见孙中山，怎样在上海被陈独秀拒绝，怎样为了寻求新的生活方式和中国新的道路而来到欧洲。他要求加入中国共产党在柏林的党组织，他一定会努力学习和工作，只要不再回到旧的生活里去——它已经在他的脚底下化为尘埃了，派他做什么工作都行。

周恩来被朱德的虔诚深深地打动，表示愿意替朱德办理加入中国共产党在柏林支部的手续，在入党申请书寄往中国而尚未批准时，暂做候补党员。

1922年11月，在周恩来和张申府的介绍下，朱德终于加入了中国共产党。而这一年，朱德已经36岁。

这就是滇军少将旅长为了寻找救国救民的新道路，抛弃高官厚禄，不远万里来到欧洲，在德国加入中国共产党的历程。一个人，如果没有坚定的初心使命，那么他是绝对做不到这些的！

新的国度，语言不通，朱德有没有找到拯救中国革命的道路呢？

（朱德同志故居纪念馆文博助理馆员　余洋）

历史小天地

拒绝军阀杨森的拉拢

1922年5月，朱德来到重庆。军阀杨森与他素有交情，对他的作战指挥能力深为佩服。于是，杨森便许以师长一职，挽留朱德，希望能为己所用。谁料朱德竟以出国为由，谢绝了好意。杨森只好表示希望朱德学成后再回来，一定虚席以待。但是，他实在不理解，为什么一个年已36岁的人，既无家产，显然又前途渺茫，竟对师长一职加以拒绝？

确立信仰
留学欧洲寻正道

"从此天涯寻正道"

中山主义非无补,卡尔思潮集大成。

从此天涯寻正道,他年另换旧旗旌。

这几句诗是朱德在 1926 年 11 月写的。诗中的中山指的是孙中山,卡尔指的是卡尔·马克思。诗句说明朱德在欧洲找到了指引中国革命的思想——马克思主义。作为他乡之人,他是如何克服语言障碍,学习马克思主义经典理论的?又参加了哪些革命活动?留学欧洲对他有何重要影响呢?

朱德来到欧洲,是为了寻找拯救中国的道路。1922 年 11 月,他在德国加入了中国共产党。他相信,成立不到两年的中国共产党是中国革命的希望,学习这个党的理论基础——马克思主义是他唯一的出路。要学习、领悟马克思主义,首先必须克服语言的障碍。

朱德初到德国,遇到的最大困难就是语言不通,既不能直接同德国人会话，又无法阅读德文书籍，而当地所能看到的马克思等人的著作多是德文版的。因此，最初的半年时间，朱德把主要精力放在了学习德文上。

学习一门外国语言，对于36岁的人来说，需要不同寻常的决心和毅力。然而，朱德做到了！

朱德并不把自己整天关在屋子里，他通过外出走访来学习德文。几个月后，以他的德文程度就可以买东西、旅行、出街坐车了。他学得很认真，常常借助字典阅读德文书籍。他学得很勤奋、很刻苦，书上常常写满了注解，他当时买的德文书籍都有好几箱。靠着一股认真的劲头和恰当的方法，朱德基本上掌握了德文。

作为一名共产党员，朱德很用心地参加党小组的学习和讨论，从中学习马克思主义的经典著作，了解党的主张，了解中国革命与世界的联系。朱德的必读书目包括马克思的《共产党宣言》、恩格斯的《社会主义从空想到科学的发展》、列宁的《帝国主义是资本主义的最高阶段》等著作。当时，中国共产党创办有自己的杂志《向导》等，常常刊载有关中国革命的文章，这也是朱德重点学习的内容。

留学欧洲，既要学习理论，又要了解中国国内的情况。朱德他们常常把学到的理论问题拿来一起讨论，比如：什么是社会主义？社会主义和资本主义有什么区别？社会主义制度具体是怎样的？他们有时也分析国际形势，分析各国革命运动的发展。也正是在这个时候，朱德开始认识到，中国革命不是孤立的，它与国际问题是紧密相连的，必须结合起来分析。

这些学习和讨论，是朱德从未有过的，这使他的政治眼界更加开阔了。

1924年3月，朱德进入德国的一所大学，即盖奥尔格-奥古斯特大学，学习社会学。他每天都坚持去听讲，同时积极参加党小组的活动。由于表现优秀，他还担任过哥廷根中国留学生会的负责人。

朱德离开哥廷根回到柏林后，专门从事党务活动。但是，在革命活动中他先后两次被捕。

1925年4月间，朱德参加了声援保加利亚革命者的活动，被德国警察逮捕，后经保释出狱。6月18日晚，他又在声援中国、

哥廷根盖奥尔格-奥古斯特大学注册处外景

南非和保加利亚革命的集会中遭到逮捕，在各方的营救下终于获释。但是，他共产党员的身份已暴露，护照也被德国警察当局扣留了。幸运的是，就在这个时候，朱德之前要求前往苏联学习的申请得到了批准。在这份申请中，朱德表示"终身为党服务，作军事运动"。这份承诺，成为他一生忠诚于党，铸造人民军队的真实写照。

来到苏联，朱德又系统地学习了马克思主义经典理论，理论水平得到进一步提高。此后，他又来到莫斯科郊外的一个秘密军事训练班学习。当教官问他回国后怎样打仗时，他回答说："部

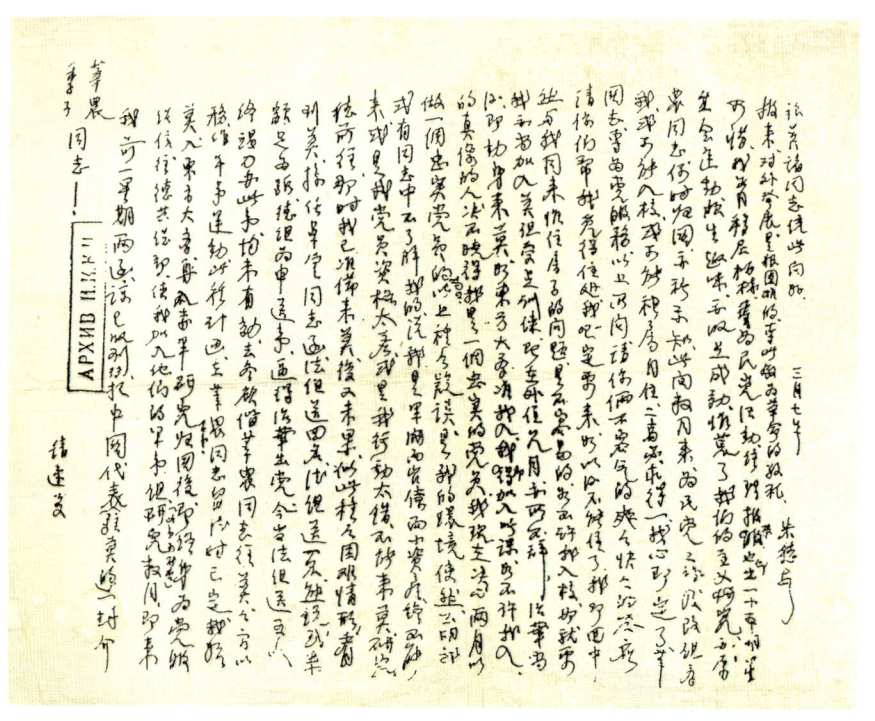

朱德在德国写给在苏联学习的李季和陈启修的亲笔信

队大有大的打法，小有小的打法"，"打得赢就打，打不赢就走"，"必要时拖队伍上山"。教官批评他这是"山大王思想"，然而后来的历史证明，正是朱德的这种"山大王思想"对中国革命产生了积极的影响。

1926年5月，朱德乘火车离开了莫斯科，回国参加北伐战争。

三年半的国外生活，使朱德对过去的中国革命为什么失败、现在的革命应该如何进行等问题都有了新的认识。出国前，他是苦闷彷徨的；归国时，他是踌躇满志的。他确立起了马克思主义的信仰，认识了历史发展的规律，找到了指导中国革命的正道。那么，意气风发的他，即将前往哪里工作呢？

（朱德同志故居纪念馆文博助理馆员　余洋）

历史小天地

无偿退还房子

一战中，德国战败，德国货币大幅贬值。哥廷根中国留学生曾用5美元买下一幢楼房。后来卖房的主人到法院起诉，要求赎回楼房。学生会不少人表示反对，但是朱德却主张无偿退还，还说"如果学生会有意见，我自己掏出钱来补偿"。经过讨论，大家同意了朱德的意见，表示我们中国学生，反对帝国主义压迫战败国人民。这件事在哥廷根震动很大，德国的老百姓都说中国学生好。

配合北伐
万县抗英试锋芒

《艾承庥局长六十寿赠诗（其四）》

神州沉陆世沧桑，锦绣河山怀虎狼。
观变安居徒负负，乘时窃利正忙忙。
人生乱世心难测，我欲回天力自强。
火热水深民望救，安危度外不思量。

在护法运动时期，艾承庥任泸县十大乡民政总局局长，与朱德相交甚厚。1926年11月，他60岁生日，朱德在泸州写诗庆贺，这是其中的第四首。朱德借诗言志，表达了救国救民、奋不顾身的壮志情怀。

1926年7月，朱德抵达上海，回到了久别的祖国。这时，中国国民党和中国共产党已经合作两年多了。在国共两党的共同努力下，"打倒列强，除军阀"成为社会各界的呼声，针对北洋军阀的北伐战争也进展得如火如荼，势不可当。

朱德在上海会见了共产党总书记陈独秀。陈独秀提出两项任务供朱德选择：一是去四川做杨森的工作，说服他倒向北伐军；二是到广东去，准备北伐。朱德立刻表示，自己和杨森曾在护国军中共事，出国前杨森曾许他"虚席以待"。所以，他愿以国民党员和滇军同僚身份，到四川杨森那里去工作。陈独秀同意了他的意见。7月26日，朱德以广东国民政府代表的名义，出发前往万县。8月11日，朱德抵达万县，受到了杨森的热情款待。

杨森

杨森虽然很热情，但是他对北伐究竟是什么态度呢？

当时，杨森在川东一带，直接指挥的军队有枪支二万七千支左右，控制的军队有十几万人，对北伐持观望的态度，谁也不得罪，两头讨好。

国民革命军北伐进展顺利时，他主动表示要加入国民革命军，还希望革命政府派人到万县帮助他工作。但是，想到北洋军阀吴佩孚任命他当四川省省长，他可以从中寻利，因此又舍不得断绝与吴佩孚的关系。于是，在这种剪不断、心不甘的复杂心态驱使下，杨森在国民革命军与吴佩孚之间，脚踩两只船，态度暧昧。

朱德看穿了杨森的小心思，他正告杨森，向国民政府要钱，目前是没有的，北伐革命是会胜利的，对抗北伐注定是要失败的。

正在杨森犹豫不决之际，万县"九五"惨案发生了。这个事件对杨森有何影响？朱德在这个事件中又有何表现？他能劝说杨森倒向北伐军吗？

8月29日，英国太古公司"万流"号商船无视中国主权和有关规定，在四川省云阳县长江中任意加速疾驶，浪沉杨森所部载运盐款及粮税各款的木船两只。"计损失银八万五千元，连长、排长各一员，士兵五十六名，枪支五十六支，子弹五千五百发。"该船到万县时，杨森派检查长率兵数人前往查询，停泊在万县的英国军舰"柯克捷夫"号突然派多名士兵至该船，强行收缴杨部官兵枪械，并开枪打伤士兵2人，掩护"万流"号逃离万县。这一事件引起万县军民的强烈愤慨。

杨森束手无策，只好找朱德商量对策。朱德知道杨森损失惨重，正在气头上，便为杨森出主意说，只有将肇事的英国轮船扣留，提出赔偿要求，才有可能挽回损失。

8月30日，杨森在朱德的鼓励下，派兵扣留了停泊在万县的同属英国太古公司的另外两艘商轮"万县"号和"万通"号，以作交涉。

然而，英方却更加猖狂。9月5日，英国"嘉禾"号、"威警"号、"柯克捷夫"号军舰企图劫夺被杨森扣留的英轮，遭到中国守军的抵抗后，悍然炮轰万县城区长达两小时以上。中国军民死伤近千人，商店、房屋被毁上千间。这就是震惊中外的万县"九五"惨案。

惨案发生的当天，朱德立刻向杨森建议，立即通电全国，陈

炮轰万县城区的三艘英国军舰之一"柯克捷夫"号军舰

述万县"九五"惨案真相，要求英国赔偿、惩凶、道歉，以内伸民愤，外张公理，血洗耻辱。

万县"九五"惨案极大地激怒了中国人民，全国掀起一场声势浩大的反对英帝国主义的群众运动；同时也促使杨森转向广东国民政府。他委派朱德赶赴武汉，表示愿意接受国民革命军的称号。

9月24日，国民革命军总司令部委任杨森为国民革命军第二十军军长兼川鄂边防督办，朱德为党代表并暂代军政治部主任一职。

9月28日，朱德率二十余名政治工作人员离开汉口前往万县，却得到杨森派兵东下援助吴佩孚的消息。原来，国民革命军攻占汉口、汉阳后，武昌仍在吴军手中，北伐军久攻不下，因此杨森对吴佩孚仍抱有希望,迟迟不肯撤回东进鄂西的三个师。对于杨森这种出尔反尔的做法,朱德十分气愤。他当面质问杨森,并晓以大义,可杨森仍不为所动。

11月上旬,进犯武汉的杨森部遭到国民革命军围歼,前敌总

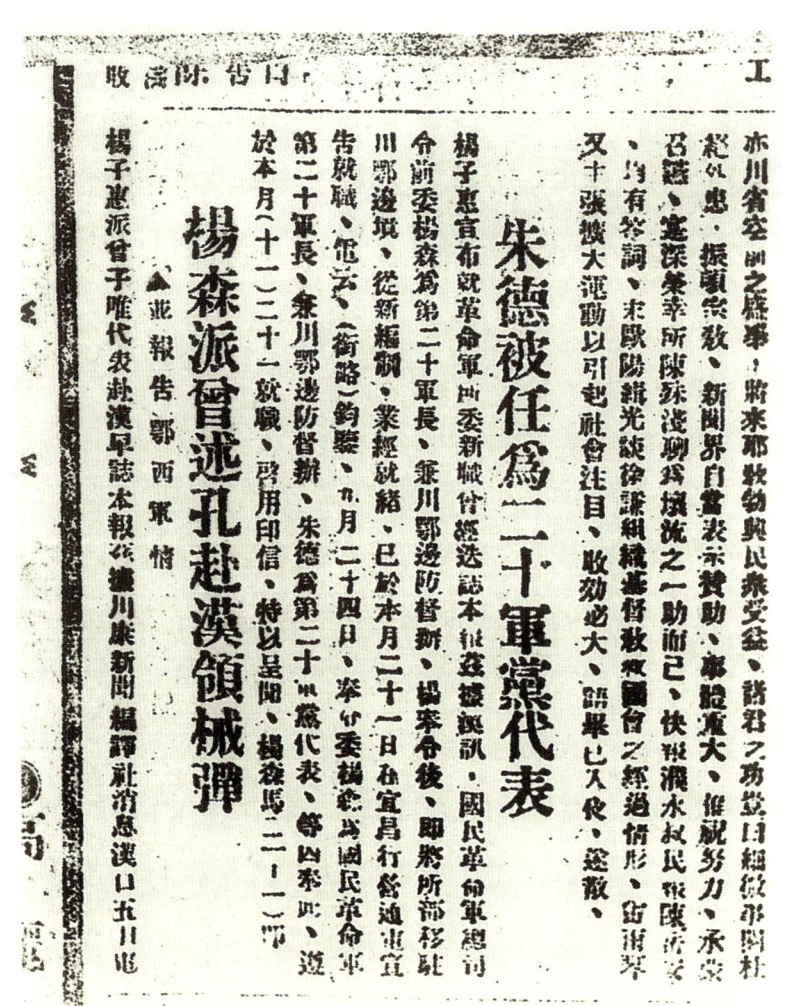

朱德被任命为国民革命军第二十军党代表的报道

指挥曾子唯被俘。杨森这才不得不派代表赴武汉"请罪",并多次找朱德表示"悔悟"。11月21日,杨森在宜昌通电就任国民革命军第二十军军长。

杨森易帜后,按照朱德的建议,相继设立了第二十军党部、第二十军军事政治学校。与此同时,朱德还通过政治工作人员加强对杨森部队的改造。改造工作使第二十军出现了新面貌,也引起了杨森的疑忌,朱德便借前往武汉考察的机会,于12月下旬率考察团前往武汉,从此脱离了杨森的部队。

朱德回国后的第一项正式任务结束了,接下来他将去向哪里?又将有何作为呢?

(朱德同志故居纪念馆文博助理馆员　余洋)

历史小天地

朱德与《壁报》

北伐军节节胜利的消息不断传到万县,朱德提出要创办报纸,积极宣传革命,于是《壁报》诞生了。报纸一经发行,就轰动了整个万县。反动分子见状,就创办了《快刀报》来抗衡,而且还向杨森告状。于是,杨森下令,双方报纸都取消。听到这个消息后,朱德就去找杨森,向他据理力争,最终迫使他同意朱德等人继续办报。

调查敌情
南昌起义好向导

《纪念八一》

南昌首义诞新军，喜庆工农始有兵。
革命大旗撑在手，终归胜利属人民。

1927年8月1日，朱德领导、参与了南昌起义。1957年8月1日，他发表此诗表示纪念。前面说过朱德回到了武汉，可是，他为何又去了南昌呢？他去做什么？为何会爆发南昌起义？朱德对起义有何贡献？

朱德到南昌工作，有着特殊的便利条件。那时，驻扎在南昌、九江、吉安、进贤一带的，是国民革命军第三军朱培德部。朱德同这支滇军部队的高级将领们有着很深的历史关系。总指挥朱培德及其下属王均、金汉鼎等将领，都是朱德在云南陆军讲武堂时期的同班同学，以后又长期在滇军共事，交情很深。朱德还有一些旧部和老同事也在这支部队里。因此，他来这里十分有利于开展工作。

有着这层特殊的便利条件，朱德一到南昌，朱培德就立刻委任他为国民革命军第三军军官教育团团长、国民革命军第五方面军总参议，随后又任命他为南昌市公安局局长。这个第三军军官教育团主要是做什么的呢？

当时，正值北伐战争，朱培德部在与孙传芳部作战时，虽然取得了重大胜利，但是自身伤亡也很大。第三军的中、下级军官

国民革命军第三军军官教育团旧址

几乎半数以上都是在战火中提拔起来的，他们的军事修养、政治思想都需要进一步提高。这就是第三军军官教育团的任务所在。在朱德的主持下，军官教育团虽然名义上隶属第三军，实际上却成为培养革命人才的基地。

可是，好景不长。1927年4月12日，蒋介石在上海公开背叛革命，大肆逮捕、屠杀共产党员和革命群众。接着，他在南京另立国民政府。7月15日，汪精卫等控制下的武汉国民政府宣布"分共"，第一次国共合作全面破裂。

为了挽救中国革命，反抗国民党的屠杀政策，中共中央在武汉开会，决定以九江、南昌一带贺龙率领的国民革命军第二十军、叶挺率领的第十一军第二十四师，和朱德原来领导的第三军军官教育团等为基础，在南昌举行武装起义。为领导南昌起义，成立了以周恩来为书记的前敌委员会。朱德对江西情况熟悉，工作条件便利，因此受到中共中央的指派，承担起了南昌起义的先期准备工作。

朱德根据中央的要求，精心绘制了南昌市区的地图，并且对敌军兵力部署情况作了详细的了解；同时，他频繁地同第三军、第九军留驻南昌的几个团的团长进行接触。

7月27日，负责领导南昌起义的周恩来到达南昌，当晚住进花园角二号朱德的寓所。朱德详细地向他汇报了南昌城内国民党军队的驻扎情况，画了一张详细的驻军布防图，标明了暗堡、火力点以及进攻路线，还提供了朱培德等敌军将领集中在庐山参加反共会议、南昌城里守敌减少等情况。

周恩来当即称赞朱德为准备立了大功；后来，又给予高度评价，称他是一个很好的参谋和向导。接着，第三军

大士院三十二号旧址

军官教育团根据朱德的指示，连续两次到野外演习，熟悉了南昌市的主要街道，察看了南昌市周围的地形、地物及通道，还进行了几次夜间紧急集合、传口令、识别记号等动作，为参加起义做好了准备。

7月31日，前敌委员会决定8月1日凌晨4时举行起义。朱德承担了一个特别的任务：利用他和滇军旧谊，宴请驻南昌的第三军的两个团的团长，拖住他们，以保证暴动的顺利进行。

宴会在南昌城西大士院街口的佳宾楼举行，猜拳行令，觥筹交错，持续了两个多小时。随后，朱德又约他们到大士院三十二号打牌。进行到晚9点多钟，由于第二十军一个云南籍副营长告密，这几个团长、团副急忙赶回部队。朱德立即赶到第二十军指挥部，把起义消息已泄露的情况告诉贺龙，贺龙当即报告前敌委员会。前敌委员会决定起义提前两小时举行。

1927年8月1日凌晨2时，朱德与周恩来、贺龙、叶挺、刘伯承等率领国民革命军两万余人，在南昌举行起义。经过几个

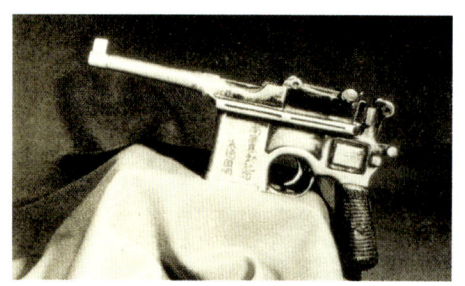

朱德在南昌起义时用的驳壳枪

小时激战,全歼南昌敌军三千余人,于拂晓占领南昌,起义取得了成功。南昌起义打响了中国共产党武装反抗国民党反动派的第一枪,是中国共产党独立领导革命战争的开始,标志着人民军队的诞生,在中国共产党的历史上开辟了一个新的时期。

(朱德同志故居纪念馆文博助理馆员 余洋)

历史小天地

收缴宪兵团枪支

1927年3月,蒋介石指示反共分子杀害了江西省总工会副委员长陈赞贤,许多民众团体也遭强行解散。南昌市数万群众开会追悼陈赞贤,并游行示威。朱德带领军官教育团参加示威活动,他对学员们说:"反动派已屠杀我们的同志了,我们要准备出击。"月底,军官教育团配合南昌市的工人纠察队,收缴了蒋介石留驻在牛行车站的宪兵团的枪支,给了反共分子一个沉重的打击。

肩负殿后

三河坝前阻强敌

南下先遣司令

> 我从南昌出发,就是走前头做政治工作、宣传工作,找寻粮食……和我在一起的有彭湃、恽代英、郭沫若。我们只带了两连人,有一些学生。一路宣传,一路走,又是政治队,又是先遣支队,又是粮秣队。

这是朱德在1937年对南昌起义军南下广东时的回忆。南下途中朱德会遇到哪些战斗?他是怎样阻击敌军的?又是否完成了任务?

南昌起义的成功,使国民党反共势力大为惊恐。为了使起义部队摆脱敌人的包围圈,前敌委员会决定按照原定计划,撤出南昌,南下广东,重建革命根据地,再来一次北伐,以统一全国。

1927年8月3日,起义军开始撤离南昌。朱德被任命为第九军军长,同时担负了一项重要任务——南下先遣司令。他带着第九军教育团作为先遣队,比起义军主力部队早两天踏上了南下的征程。朱德率部沿途做政治宣传工作,并为后续部队筹备粮草,安排宿营,千方百计克服困难,被誉为"老将黄忠"。

南下途中必经的第一个重要城市是临川,驻守临川的国军将领杨如轩,是朱德在云南陆军讲武堂的同学。朱德写信希望杨如轩加入到起义队伍中来。杨如轩考虑到同朱德多年的同窗和袍泽关系,又害怕革命威胁到自己的势力,便把部队撤到城外,悄悄地给起义军让出了一条南下大路。起义军未放一枪一炮,就顺利通过了这座城市。

起义军在临川休整了将近一周,随后继续南进,向瑞金、会昌进发,于是便有了壬田之战和会昌之战。

当时,蒋介石的嫡系钱大钧部的两个前哨团,驻扎在瑞金以

江西临川旧照

北的壬田。8月15日,朱德奉命率领一个营,作为前卫营南下,在壬田与这两个团开始激战,一直坚持到贺龙率领第二十军的主力赶到,才将敌军击退。

壬田之战后,起义军决定乘着敌军尚未集中,先打会昌的钱大钧部,再行南下。

江西会昌旧照

在会昌之战中，朱德奉命率领第三师进攻会昌东北的高地。朱德接受任务后，首先命令第三师教导团团长侯镜如，挑选几十人组成敢死队，追击正向会昌退却的钱大钧部。敢死队遵照朱德的指示，分成小分队，一路上利用

朱德在三河坝战役中的指挥所

有利地形隐蔽自己，不断向钱大钧部打冷枪，搞得钱大钧部筋疲力尽。经过激战，钱大钧部全线崩溃，起义军取得了会昌之战的胜利。

此战之后，起义军于9月5日攻占了福建的长汀。起义军前敌委员会决定，采取分兵计划：周恩来、贺龙、叶挺、刘伯承等率领第二十军和第十一军的第二十四师，从大浦乘船，直奔潮汕，争取国际援助；朱德则率领第十一军第二十五师和第九军教育团共约四千人留守三河坝，监视梅县之敌，以防敌军从梅县抄袭主力部队的后路。

9月19日，起义军占领三河坝，随即实施分兵计划。

三河坝处于汀江、梅江和韩江三江汇合处，有一山镇三江之势，是兵家必争之地，敌军钱大钧部肯定不会放过这块肥肉。划给朱德指挥的第二十五师，是以叶挺独立团扩编而成的，是起义军中

最强的队伍之一。

10月1日,朱德带着师长周士第等人仔细观察三河坝的地形。为了避免背水作战,朱德决定把部队转移到三河坝对岸的笔枝尾山等一带布防。朱德还给大家仔细讲解了如何构筑工事,如何防守阵地;对于渡江的敌人,什么时候打,怎样打最为有利。听讲的军官,无不对他表示钦佩。布防方毕,钱大钧就带着经过补充的三个师十个团约两万人扑来,企图趁着夜幕偷渡。朱德指挥起义军"半渡而击"。钱大钧部的大部分船只被击沉,剩下的几条船也逃回对岸。第二天,钱大钧部又故技重演,再次遭到起义军痛击。

钱大钧不甘心,在接下来的几天,调集大批船只,指挥部队在密集炮火的掩护下,分多路强渡韩江,随即在滩头阵地与起义军展开反复争夺。起义军在优势敌军的攻击下,虽然经昼夜激战,又已粮绝,仍坚持顽强拼搏。这

三河坝战役烈士纪念碑

时，另一股敌军也强渡成功，对起义军两面夹击，形势对起义军十分不利。

从10月3日到6日，朱德指挥起义军约四千人，在三河坝与钱大钧部两万人，血战了三天三夜，歼敌一千余人，成功完成了掩护主力部队的任务。此时，起义军伤亡很大，并且已陷入了敌人的重兵包围之中。为了保存实力，朱德决定率领余部约两千人，撤出三河坝，南下追赶起义军主力。

（朱德同志故居纪念馆文博助理馆员　余洋）

历史小天地

痛失孙炳文

孙炳文，字濬明，四川南溪人，朱德挚友。他们相识于1917年，后来又一起到欧洲寻找新的革命道路。1927年4月20日，时任国民革命军广东留守政治部主任的孙炳文，在上海被蒋介石派人杀害。对于挚友的遇害，朱德毫无心理准备，听到消息后感觉头脑皆裂，顿失知觉。他悲痛地写信给孙炳文夫人任锐，表示誓与反动派战斗到底，取得蒋介石的人头祭奠孙炳文，还建议她将孙炳文的事迹汇集成书，以彰显挚友的革命志向。

主力虽败

誓把革命干到底

"把革命干到底"

我是共产党员,我有责任把八一南昌起义的革命种子保留下来,有决心担起革命重担,有信心把这支革命队伍带出敌人的包围圈,和同志们团结一起,一直把革命干到底!

这是朱德在起义军主力失败后余部军心涣散、彷徨迷茫时的表态。

1927年10月6日,朱德率领从三河坝撤出的起义军余部约两千人,南下追赶主力。可是,一个意外的沉重打击却突然来到。

当朱德率部抵达广东饶平县城以北的茂芝时,遇到了从潮汕地区撤退下来的起义军部队约两百人,一打听才知道潮汕已经失守,起义军主力第十一军第二十四师和第二十军在潮汕地区遭到优势敌军的进攻,最终失败了。主力失败的消息如同一盆冷水浇在大家头上，许多人心情沉重，思想混乱，一些指挥员也不知所措。

这真是一个异常严峻的时刻。那时，起义军余部的处境极端险恶。从外部来说，敌人的大军压境，聚集在潮汕和三河坝地区的国民党反动军队有五个多师，共约四万人，来势汹汹，企图完全消灭起义部队，扑灭革命火种。从内部来说，起义军余部已孤立无援，又同起义军的领导机构前敌委员会失去了联系，一切只能由朱德独立负责，果断决策。起义军余部主要是第二十五师的部队，不是朱德的老部队，他领导起来也有困难，但是在千钧一发之际，他分析了当前的敌我情况，做出了正确的决策。

10月7日，朱德在茂芝的全德学校召开了干部会议，参加会议的有周士第、陈毅等二十多人。朱德首先介绍了起义军主力在潮汕失利的情况，然后针对要求解散部队的声音，在会上斩钉截铁地说：我是共产党员，我有责任把八一南昌起义的革命种子保留下来，有决心担起革命重担，有信心把这支革命队伍带出敌人的包围圈，和同志们团结一起，一直把革命干到底！

经过热烈讨论，朱德把大家的意见归纳为四条：第一，我们和上级的联系已断，要尽快找到上级党组织，以便取得上级的指示。第二，我们要保存这支军队作为革命种子，就要找到一个既隐蔽又有群众基础的立足点。湘粤赣边界地区，是敌人兵力薄弱的地方，是个三不管的地带，这一带农民运动搞得早，支援北伐最得力，我们应当在那里立足。第三，从最新情报看，敌人已从南、西、北方面向我们靠拢，我们要从东北方向穿插出去。现在敌强我弱，我军又孤立无援，所存弹药不多。行动上要隐蔽，沿边界避敌穿插行进。第四，要继续对全军做艰苦的政治思想工作，要发挥党团员、干部的先锋模范作用，坚决扭转对革命失去信心的混乱思想，安定军心，更要防止一些失败主义者自由离队、拖枪逃跑甚至叛变投敌的严重事故发生。

这样，在朱德的主持下，会议否决了少数同志关于解散队伍的提议。根据朱德的分析，会议做出重要军事决定：隐蔽北上，穿山西进，直奔湘南。这个简单的十二字方针，为这支处于困境而陷入混乱的队伍指明了出路。

朱德率领这支部队离开茂芝后，一路急行军进入福建，再沿着福建和广东的边界北上。钱大钧部仍紧追不舍，当起义军余部到达福建和江西交界的石径岭附近的隘口时，朱德亲自带领几个警卫人员，从长满灌木的悬崖陡壁攀登而上，出其不意地在敌人侧后方发起进攻，抢占了反动民团据守的隘口，带领部队进入赣南山区。当大家怀着胜利的喜悦，通过由朱德亲自杀开的这条血路时，只见他威武地站在一块断壁上，手里掂着驳壳枪，正指挥后续部队通过隘口。经过这次石径岭隘口的战斗，大家才发觉，朱德同志不仅是一位宽宏大度、慈祥和蔼的长者，还是一位英勇善战、身先士卒的勇将。

朱德从南昌起义的参谋和向导，逐渐成为这支部队的真正领导者。他们虽然暂时摆脱了敌军的追击，但是仍面临着许多

茂芝会议

第一篇章　立志篇

难以克服的困难，而这些困难足以浇灭革命热情，足以动摇革命理想，足以扑灭革命火种。面对此种情况，朱德又是如何应对的呢？

（朱德同志故居纪念馆文博助理馆员　余洋）

历史小天地

艾承庥局长六十寿赠诗（其三）

我本江南一鲰生，十年从事亚夫营。
身经沧海羞逃世，力挽狂澜岂为名！
别有良图酬壮志，难忘盛意向前程。
劳人乌马空归去，大好河山创太平。

这是1926年11月，朱德为庆祝艾承庥六十大寿而写的诗。它表达了朱德的革命志向和魄力，虽然写于南昌起义前，可巧合的是，却比较贴切地反映了朱德在南昌起义军主力失败后"别有良图"，保存革命火种的非凡经历。

力挽狂澜

"要革命的跟我走"

没有朱德，部队会垮台

人们听了朱总司令的话，也逐渐坚定，看到光明前途了。当时如果没有总司令领导，这个部队肯定地说，是会垮台的。

这是后来陈毅元帅对朱德总司令的高度评价。当时部队到底处于什么情况？朱德到底又说了什么话，以至于有那么大的作用？此外，他又采取了哪些措施力挽狂澜？

茂芝会议后，朱德率领起义军余部，几经转战，于1927年10月下旬，来到江西南部（赣南）的天心圩。此时这支部队的处境依然十分困难，具体来说有：

四面受敌，孤立无援；虽然摆脱了敌军重兵的尾追，但仍经常受到地主武装和土匪的袭击，不得不在山谷的小道上穿行，在山林中宿营；同上级党组织还没有取得联系；官兵饥寒交迫，疾病流行，得不到供应和治疗；部队思想一片混乱，许多经不起考验的人，甚至"师长、团长均皆逃走，各营、连长亦多离开"。

每个人都考虑着同样的问题：现在部队失败了，到处都是敌人，我们这一支孤军，一无给养，二无援兵，应当怎样办？该走到哪里去？不少官兵相继离队，有的甚至带着一个排、一个连公开离队，有的还在继续散布失败情绪，要求解散部队。整个队伍只剩下七八百人了。

部队有顷刻瓦解之势，南昌起义留下的这点革命火种，有随时熄灭的可能。

困难是如此的多，情况是如此的急，人心是如此的躁，关键时刻，朱德又站了出来。他沉着镇定地在天心圩召集军人大会，对部队进行初步的整顿。在这次大会上，朱德发表了一席激动人心的讲话，他说："大家知道，大革命是失败了，我们的起义军也失败了！但是我们还要革命的。同志们，要革命的跟我走，不革命的可以回家！不勉强！""但是，大家要把革命的前途看清楚。1927年的中国革命，好比1905年的俄国革命。俄国在1905年革命失败后，是黑暗的，但黑暗是暂时的。到了1917年，革命终于成功了。中国革命现在失败了，也是黑暗的，但是黑暗也是暂时的。中国也会有个'1917年'的。只要保存实力，革命就有办法。你们应该相信这一点。"

这个讲话给了大家非常深刻的印象。开国大将粟裕，当时就在朱德的队伍中，他后来回忆说："朱德同志这些铿锵有力、掷地有声的话语，精辟地分析了当时的政治形势，展示了革命必然要继续向前发展的光明前景，令人信服，感人至深。"陈毅当时也在这支部队中，他说朱德在天心圩讲了两点：一是共产主义必胜，二是革命必须自愿。

朱德的讲话深深地感染了大家，使大家在黑暗中看到了光明，增强了信心。朱德总是能在关键的时刻对部队产生关键的作用。陈毅元帅回忆说："朱总司令在最黑暗的日子里，在群众情绪低

天心圩旧貌

到零度、灰心丧气的时候，指出了光明的前途，增加群众的革命信念，这是总司令的伟大。没有马列主义的远见，是不可能的。"

随后，朱德在天心圩对部队进行思想整顿，一些意志不坚定的人离开了队伍，但是留下来的却更加坚定了。人数虽然减少了，但都是革命的精华，为人民军队保存下了一批重要的骨干力量。

天心圩整顿，是起义军余部转战途中的一个转折点。这次整顿统一了大家的认识，振奋了革命精神，扭转了部队中思想混乱、人心涣散的局面。朱德在这支部队生死攸关、需要决定何去何从的关键时刻，以大无畏的英雄气概，挺身而出，担当起历史赋予

大余旧貌

上堡旧貌

的重任,把部队带出绝境,并且赢得了全军对他的巨大信任。

天心圩整顿后,朱德在大余、上堡分别对部队进行整编、整训,这三次整顿都发生在赣南,史称"赣南三整"。

朱德领导的"赣南三整"在人民军队的建设史上占有重要的地位,它与毛泽东领导的"三湾改编",在时间上相近,在做法上类似,都取得了巨大的成功,适应了大革命失败后的客观形势,对人民军队的建设产生了极为深远的影响。

经过"赣南三整"后,这支部队的面貌焕然一新,重新振作起来。那么,在朱德的领导下,这点微弱的革命火种又将有何作为呢?

(朱德同志故居纪念馆文博助理馆员 余洋)

历史小天地

"我是伙夫头"

"赣南三整"之后,朱德带着教导队途经汝城县濠头圩时,险些遭到土匪毒手。他们住在一个祠堂里,半夜突然被土匪何其朗部包围。土匪冲进祠堂,问朱德:"你是什么人?"朱德说:"我是伙夫头。"土匪又问:"你们的司令在哪里?"朱德指着后面的房子说:"住在那边。"由于朱德穿着简朴,同士兵没有什么区别,土匪信了,就往后去。朱德从窗户跳出,脱离了危险。

播下惊雷
革命雄火遍湘南

争打许克祥

我们的同志和广大群众对许克祥是恨之入骨的,听说打许克祥,士气空前高昂,个个争先恐后。许克祥把他的六个团摆成一条长蛇阵,这就便于我们各个击破。

这段文字是朱德在1962年时的回忆。其中打许克祥,指的是湘南起义中的坪石之战。那么,湘南起义是怎么发动的?有哪些重要的战斗?取得了什么成果?对低沉的中国革命有何影响呢?

"赣南三整"之后,起义军余部仍然面临缺衣少食这一生死攸关的难题。此时国民革命军第十六军正驻防在不远的郴州、汝城,该军的军长范石生是朱德在云南陆军讲武堂时期的同班同学,二人关系甚好。当时范石生遭到蒋介石等人的排挤,因此,当朱德提出合作建议时,二人一拍即合。范石生慷慨解囊,使起义军余部得到了充足的补给。但是,好景不长。蒋介石发现朱德的行踪后，朱德不得不率部离开范石生部，去湘南实现他酝酿已久的起义。

朱德首先将进军的目标锁定在宜章。宜章是座石头城，易守难攻。如何拿下宜章，打好湘南起义的第一仗至为关键。

朱德提出了智取宜章的方案。因为队伍里的胡少海是宜章人，朱德就决定由胡少海以第十六军第一四○团的名义，写信给宜章县长，说是奉命率部回家乡驻防，保护地方安全，以此进入城内。1928年1月，胡少海按计划率领两个连进入宜章县城，第二天趁着县长和地方豪绅举行欢迎宴的机会，把在座的官绅都扣押起来。朱德大声宣布："我们是中国工农革命军。现在把你们统统抓起来，听候公审。"与此同时，陈毅和王尔琢指挥起义军，迅速解除了县团防和警察局的武装。他们打开了监狱，释放被关押的革命者

朱德在宜章发动湘南起义时的指挥部旧址——城关小学

和无辜群众，把地方豪绅囤积的粮食分给穷苦民众。宜章城头飘起了红旗。

智取宜章的胜利揭开了湘南起义的序幕！起义军正式打出了"工农革命军第一师"的番号，采用五角星内有镰刀、斧头的红色军旗，朱德任师长。

朱德智取宜章的消息不胫而走。以残杀工农而恶名昭著的许克祥带着他的独立第三师，总共六个团的兵力，很快就前来"进剿"。他还得意扬扬地说："老子用六个团同朱德的一个团去较量，吃掉他绰绰有余！"一场后来被称作坪石大捷的战斗就要开始了。

许克祥自恃兵力雄厚，把部队从广东北部的坪石一直摆到湖南南部的岩泉圩，一字长蛇，指向宜章。朱德主动把部队转移到宜章城南山里，许克祥部接连扑空，疲惫不堪。当许克祥的部队正在做早饭的时候，朱德出其不意，突然袭击岩泉圩，然后穷追猛打，接连打垮了许克祥的六个团，直追到许克祥的大本营坪石。许克祥一败涂地，仓皇化装跳上小船，才得以逃脱。

坪石大捷，战果辉煌，开创了以少胜多的光辉战例。朱德以一个团的部队，俘虏了对方一千余人，缴获了步枪两千余支，手枪一百多支，重机枪十多挺，迫击炮、山炮三十多门，弹药不计其数，大大充实了革命军的装备。后来毛泽东的诗句"黄洋界上炮声隆"中提到的那门大炮，据说就是在坪石从许克祥那里缴获来的。朱德后来回忆起这次战斗时说，我们把许克祥的后方仓库全部缴获了，补充和武装了自己。可以说，是许克祥帮助我们起了家。

许克祥后方仓库旧址——坪石镇

坪石大捷缴获的迫击炮

这场敌我力量悬殊的战斗，为什么以朱德部的胜利、许克祥部的失败告终呢？这与朱德采用的战术是分不开的。朱德吸取南昌起义只打正规战的教训，改变了死打硬拼的作战方法，巧妙地将游击战与运动战结合在一起，隐藏部队于群众中，诱敌深入，打败了敌军。

坪石大捷后，起义的烈火燃遍了整个湘南大地。朱德领导发动的这场起义，在中国革命的低潮状态下，给处于低沉状态的革命群众以很大的鼓舞。

湘南起义到底有多大影响呢？开国上将萧克曾有一段总结性的评论，他说："从一九二八年元月宜章年关暴动揭开序幕，到一九二八年四月，朱德、陈毅同志率领南昌起义军和湘南农军共一万余人，同毛泽东同志领导的秋收起义部队在井冈山会师，历时三个多月。在这三个多月内，以武装暴动建立了宜章、郴县、耒阳、永兴、资兴、安仁等六个县的苏维埃政府，组建了三个农军师和两个独立团，开展了轰轰烈烈的土地革命运动。革命风暴遍及二十几个县，约有一百万人以上参加了起义。可以说，我党所发动的一系列农村武装起义，规模如此之大，参加人数如此之多，坚持时间如此之长，实属罕见。"

那么，既然湘南起义如此成功，朱德和起义部队为何还要离开湘南呢？

（朱德同志故居纪念馆文博助理馆员　余洋）

历史小天地

打"虎"牵"羊"

1928年2月,朱德率部攻打大铺桥。敌人驻守大铺桥的六个连都是些从小学和中学征召来的学生。这个仗怎么打呢?朱德提出了打"虎"牵"羊"的方案。他把敌军中的顽固军官称为"虎",把学生称为"羊",要求把"虎"打死,把"羊"牵过来。部队按照这个方案,成功地把学生兵都"牵"了过来,学生兵中的许多人后来都成了朱德部队的军政干部。

开创新篇
朱毛会师井冈山

《红军会师井冈山》

红军荟萃井冈山，主力形成在此间。

领导有方在百炼，人民专政靠兵权。

1961年6月，朱德为庆祝中国共产党成立四十周年，写下了这首诗。诗歌叙述了朱德和毛泽东会师井冈山的情况及意义。

1928年4月下旬，朱德率领南昌起义军余部和湘南农军，与毛泽东率领的秋收起义军余部在井冈山胜利会师。从那以后，"朱毛""朱毛红军"的称谓不胫而走。在井冈山，朱德、毛泽东取得了不少战役的胜利，革命的星星之火，呈现出燎原之势。

1928年3月，湖南和广东的军阀纠集了七个师，南北夹击，进逼湘南。当时，湘南地区的地主武装也相当强大。敌我力量悬殊，起义军面临腹背受敌的危险。为了保存实力，朱德当机立断，决定退出湘南，前往井冈山。

这时，毛泽东领导的秋收起义部队，在上级组织的安排下，也进入到湘南地区。他决定分兵两路，去迎接朱德率领的南昌起义军余部和湘南农军上井冈山。

1928年4月下旬，两支部队在江西省宁冈县砻市胜利会师。这时朱德42岁，毛泽东35岁。他们在龙江书院的历史性会见，是人民军队历史上光辉的一页。从此，朱德和毛泽东的名字便紧紧地联系在一起。会师后，两支部队合编为中国工农革命军第四军，简称第四军，后改称红四军，朱德任军长，毛泽东任党代表。

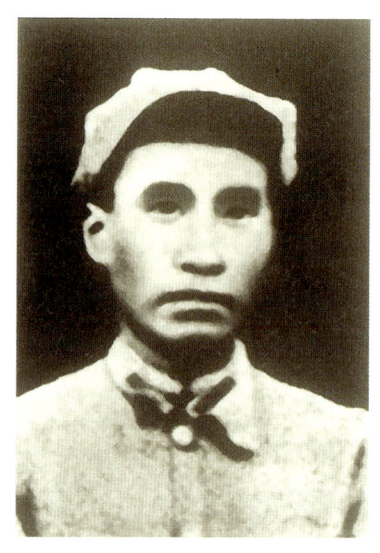

担任红四军军长时的朱德

朱毛会师后形成的第四军，是当时中国共产党领导下的最强大的一支革命力量。这极大增强了井冈山革命根据地的军事力量，对井冈山革命根据地的发展有着重要的意义。因此，即便是三十多年过去了，朱德仍对其记忆犹新，于是便有了故事开头的那首纪念诗。

国民党当局能够善罢甘休吗？显然是不可能的。于是，为了扑灭熊熊燃烧的革命之火，国民党军队对井冈山革命根据地发动了三次"进剿"。朱德又一次走上了战场。

1928年4月底，江西国民党军杨如轩的第二十七师，分兵两路进攻井冈山。朱德带领第四军主力两个团，先是在黄坳、五斗江接连打垮了进攻之敌，然后乘胜迅速追击，攻占了杨如轩部驻守的永新县城。另一路敌军，则在七溪岭受到毛泽东部的阻击，听说永新被占后，纷纷不战而逃。4月的这次"进剿"被粉碎了。

1928年5月中旬，杨如轩又集中军队，向井冈山发起了"进剿"。敌人来势汹汹，朱德和毛泽东主动撤出了永新县城，退回了宁冈。杨如轩不战而得永新县城，随即下令部队进攻宁冈，自己在永新坐镇指挥。朱德抓住永新县城兵力空虚的机会，指挥部队，出其不意奔袭永新。杨如轩措手不及，仓皇爬上城墙逃命，结果手被击伤。第四军再占永新，5月的这次"进剿"又被粉碎了。

实践出真知，在与国民党军的多次作战中，朱德和毛泽东总结出了以弱胜强的作战原则，即十六字诀"敌进我退，敌驻我扰，敌疲我打，敌退我追"。这简短的十六个字，成为指导红军游击战的基本原则。

1928年6月中旬，江西国民党军杨池生和杨如轩两师，联合向井冈山发起了"进剿"。其中杨池生部进攻新七溪岭，杨如轩部进攻老七溪岭。这是一场生死攸关的战斗，朱德再次亲临前线指挥。他和陈毅、王尔琢指挥红四军四个团，浴血奋战，击溃了进犯新、老七溪岭的敌军，然后穷追不舍，在龙源口将敌军团团围住，经过激烈战斗，歼敌一个团，击溃两个团，乘胜第三次占领永新。

国民党军队的这次"进剿"最终还是以惨败收场。民谣"不费红军三分力,打败江西两只羊"也传唱开来。这"两只羊",就是杨如轩和杨池生,都是朱德在云南陆军讲武堂的同学,如今都败在了朱德的手上。

龙源口战斗,是井冈山时期最大的一次战斗,规模之大,歼敌之多,影响之深,前所未有。此后,井冈山革命根据地进入了全盛时期。

这正是朱毛会师的直接结果。朱德每战亲临,指挥有方,深受官兵爱戴。当时红四军官兵,特别是参加过南昌起义在三河坝失败后继续战斗的官兵,不管遇到什么样的危险,只要朱德军长在,

龙源口战斗旧址

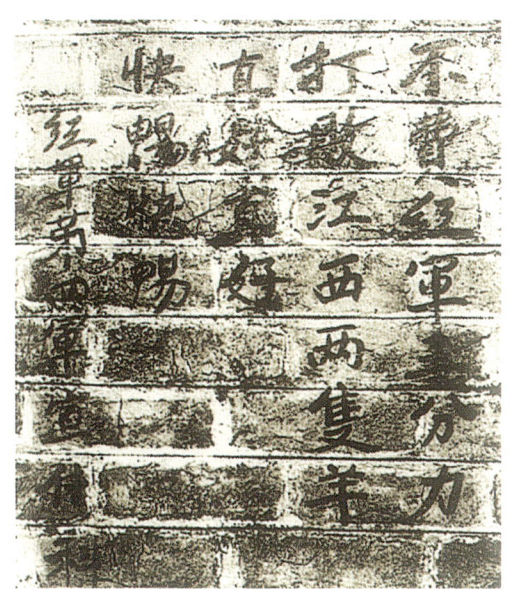

红军在墙上写的标语

就感到踏实。朱德在井冈山武装斗争中发挥的作用是极为重要的。

1906年,朱德确立起"祖国安危人有责,冲天壮志付飞鹏"的远大志向,为了寻找救国救民的正确道路,先后尝试了教育救国、投笔从戎,参加了辛亥革命、护国战争、护法运动。在发现这些都无法救国时,他不惜抛弃高官厚禄,万里寻党。

他誓言"终身为党服务,作军事运动",在南昌起义失败后的险恶环境下,坚持理想信念毫不动摇,独撑危局,保存和发展了革命火种。他转战湘南,成功领导湘南起义,给低沉的大革命以极大的兴奋。他率部与毛泽东会师井冈山,共战强敌,开创了井冈山革命根据地的全盛时期。没有救国救民的初心使命,没有对马克思主义的坚定信仰，没有对中国革命的执着忠诚，是绝对做不到这些的。这就是初心的力量、信仰的力量！

（朱德同志故居纪念馆文博助理馆员　余洋）

历史小天地

新七溪岭战斗

1928年6月，赣军凭借优势火力，抢夺新七溪岭的制高点望月亭，并一度抢占了红军的前沿阵地风车口。红军一个营赶来增援，仍未能扭转局面，形势异常严峻。在战斗最激烈的时候，朱德军长手提花机关枪赶到望月亭，组织力量把敌人压下去了，夺回了阵地，稳住了大局。朱德的身先士卒使红军士气大增，赣军最终在新七溪岭败下阵来。

第二篇章

求学篇

俗话说："活到老，学到老。"从某种意义上说，人的一生就是学习的一生。伟人朱德之所以取得如此巨大的成就，跟他青少年时代刻苦求学是分不开的——争取一切可争取的，利用一切可利用的，充实自己，提高自己。

他出身贫寒，缺衣少食，在生活都成问题的条件下，从来都没有放弃学习，不断在艰难中求学，屋内光线不好，就凿壁借光。不仅如此，他还从社会中学习，不小心把别人的桌面烧了，竟能别出心裁地在课桌上刻一个桃心形图案。更难能可贵的是，他早早就懂得了"学习才能富国强兵"的道理，将书本知识与实践相结合，有专注的学习态度，善于灵活运用知识，在锻炼中学习。他深深知道学习重在应用，只有学好知识并将其应用好，才能更好地为人民谋幸福。

识字最多
私塾里最小的学生

支撑门户耀满门

"家在巴山南侧住，祖宗世代作农夫"，朱德这样评价自己的家庭。由于世代贫困，朱德家祖祖辈辈没有一个识字的人，饱受没有文化的苦痛。那时候，乡间豪绅地主的欺压，衙门差役的蛮横，逼得朱家下定决心节衣缩食，培养出一个读书人来"支撑门户"。于是朱德走上了求学之路。

朱德6岁的时候（1892年），朱家的经济情况比之前有了好转，父辈们决定送朱德和他的大哥、二哥，到本姓家族办的药铺垭私塾读书。塾师是朱德的远房堂叔朱世秦。他一面教书，一面行医，正房当作教室，用旁边的偏房开了一个小小的中药铺，药铺垭私塾就因此而得名。读书不用花很多钱，一年四百个铜钱。私塾离家不远，白天去读书，晚上回来，中午还要回家吃饭。塾师朱世秦按照朱氏宗谱的排行，给朱德取名朱代珍。

在朱世秦的教导下，朱德从《三字经》学起，读完了《大学》《中庸》《论语》，还读了《孟子》的一部分。

最初接触这些古文时，朱德并不完全明白书中的意思。他后来回忆说："先生从不讲解意思。学生也只能照音念音，一直念到每个字音都铭刻在记忆里。随着年龄的增长，意思也就明白了。从清晨到中午，整个课堂就是书声琅琅，念完一遍又一遍，大家念得彼此不同，每个人都力求自己的声音能超过别人。"这就是朱德他们那一代人少年时期接触学习时的状态。

朱德少年时用过的课本《述而》

朱德三兄弟中，二哥代凤学习比较差，没有多久，家里就让他退了学，下田干活。老大代历聪明伶俐，记忆力最好，不过他毕竟有年龄大了些的不利条件，如果家里活儿紧，大概也要轮到他退学下田了。而朱德在学生中的年龄最小，但是他聪明、肯学，所以记得的字最多。塾师朱世秦也因为他书读得好而特别喜欢他。

当时，药铺垭私塾除了朱德兄弟三人，还有十六个学生。这十六个学生，家境比较富裕，在他们眼里，农民家的孩子来念书，其可笑就等于牵来三条水牛读经学典。他们认为，农民、苦力和工人这些用手干活的人，是不能期望他们用脑子的。朱德三兄弟受到这种侮辱，心里十分难受，也曾与他们打过架。这样的环境并不利于学习，但是，朱德却很勤奋，十分用功、努力，晚上念书常常念到打瞌睡，甚至要由大哥推醒。

朱德在药铺垭私塾读了一年，朱世秦先生教蒙学还可以，再往后便难以胜任了。朱家人便下定决心：既然已经花了这么多学费，何不找个像样的先生来教！当时，租佃土地给朱家种的地主叫丁邱川，他创办了一个家族私塾，教书的先生还是个秀才。于是，经家里疏通，朱德和大哥代历便改读于丁家私塾。

朱德在这里读完了"四书"、《诗经》和《书经》，但是，他们在这里也受到了丁家学生的捉弄。开始，私塾先生并不阻止，朱德和代历哪怕出一点儿差错，就要挨骂。环境是这样的不顺人意，朱德兄弟俩仍拼命用功，没过多久，私塾先生对他们也就亲切起来了，甚至命令其他的孩子不许招惹他们。

读了不久，哥哥就回家种地了。朱德因为年纪小，两岁时就已经过继给了伯父，成了朱家的长房长孙，所以能够继续读下去。他在丁家私塾读了两年，认字也认得可以，还开始学习作对联。

（朱德同志故居纪念馆文博助理馆员　佘洋）

历史小天地

遇善不欺，逢恶不怕

琳琅山附近有一条河在张姓地主的土地范围内，被张家少爷霸占，他还放出狠话，"谁要先下河把水搅浑了就要挨打"。于是大家每每要等到张家少爷洗完澡后才敢下河。朱德听说了张家少爷的蛮横举动后十分不满，说道："虽然这是一个不平等的社会，穷人难道连下河洗澡的权利都没有吗？咱家这么穷，乞丐来了都会给一口吃食，这么大一条河，他竟敢不让我们下河洗澡，遇善不欺，逢恶不怕，路有不平，拔刀相助，我偏要改一改他这不合理的规矩。"于是一番口舌较量和斗争后，朱德用自己的智慧和勇敢，为大家赢得了随时洗澡的平等权利。

幸遇良师
"旧学""新学"齐头并进

开阔眼界，走出伙陇

朱德在席家碥私塾求学时受席聘三影响学会了"问国家事"，对时政有了自己的看法。朱德勤学好问，不但广泛阅读古籍，还读了大量戊戌变法后的新书，开阔了自己的视野，"晓得有世界，知道有个地球，还是圆的"。知识量扩大的同时，他脑海中的念头也随之而来，"想要出去看看世界"。

朱德9岁那年，朱家因无法满足加租的要求，被迫退佃搬家。随后，朱德跟随他的养父母等人搬到了一个叫朱家大湾的地方生活。经历家庭变故的朱家更加贫穷了，但是全家人仍然咬紧牙关，送朱德到朱家大湾附近的一个私塾读书。可是新的私塾老师只要求学生死记硬背，朱德难以接受这种方法，只读了大半年就读不下去了。

朱家虽穷，却始终把最大的希望和机会留给孩子。他们决定把朱德送到离家约四公里的远近闻名的席家碥私塾学习。塾师席聘三，名国珍，字聘三，是一个很懂人情世故，很有情趣骨气，且思想开明的读书人。他给朱德取字"玉阶"。在他的悉心指导下，朱德一方面继续学习中国的传统文化知识，一方面开始积极接触时代大潮下

席家碥私塾旧址

的新知识、新思潮，而这一学就是八年之久（1896—1904年）。

在学习传统文化知识方面，席聘三的个性对朱德有着一种吸引力。他不是照本宣科地给朱德等学生灌输知识，而是用自己鲜明的见解和态度潜移默化地进行引导。他喜欢纵论古今，抨击时弊往往一针见血，常常把做官的人骂得狗血淋头。朱德后来回忆说，他虽然不是什么秀才，却真是好先生，中国历代各朝的事他都懂得。在这种氛围下，朱德读了"四书""五经""二十四史"等书籍，知识面得到很大的拓宽。那段学习时间，学生喜欢老师，老师喜欢学生。朱德和其他学生想学什么知识，席聘三就讲什么知识，诗、词、歌、赋也不例外。朱德写诗的功底就是在席家碥私塾打下的。跟随席聘三学习旧学的日子，是很有收获也很愉快的，朱德说："那时候我比较聪明了些，又小，先生比较喜欢我。十一二岁，

读书多，背到了一大串，读到了《左传》，讲也讲得来了大半。"

除了对旧学有广泛的涉猎，朱德对新学也产生了浓厚的兴趣。中日甲午战争之后，因为救亡图存的需要，新知识、新思潮被广泛地介绍到中国。

朱德学习最多最感兴趣的就是数学、地理等科学知识，他常常与席老先生、同学吴绍伯两人一起钻研。在微弱的灯光下，朱德与须发皆白的席老先生，对着书本，一研究就是几个钟头，甚至一连几个晚上研究到深夜。这种如痴如醉的学习状态，使朱德很快学会了加、减、乘、除，掌握了求比例和开方等知识。不久，朱德的算学学习就达到可以替家里记账的水平了，朱德不但成了家里算账的重要帮手，而且消除了父辈对西洋学问的误解。朱德学有所得，学能所用，喜悦之情溢于言表。从此，科学成了他的信仰，他成了科学的热心信徒。

同样让朱德感到好奇的还有地理。当时，朱德见到了标有"五大洲"的地球仪惊奇不已，他曾在回忆中说了一段特别引人注意的话："一看，知识大了，晓得有世界，知道有个地球，还是圆的。"在我们今天看来，知道有世界，知道有地球，是再平常不过的事情，可是在一百多年前的中国，尤其是在偏远的仪陇县，这确实是石破天惊的大新闻。朱德在视野上、思想上受到的冲击是巨大的，经常想，要是能"去看看世界就好了"，可是又苦于没有盘缠，无法出去。即便是这样，朱德也做了一番畅想，就是"努力用功，将来到国外去学习西洋科学"，也"晓得'富国强兵'的事没有知识不行"。

在席家碥私塾的八年学习时光转瞬即逝，但是这八年却是朱德读书问学路上浓墨重彩的一笔。他一生对于中国传统学问的爱好，奠基于此；他一生对于现代科学的重视，奠基于此；他一生学习、一生向前的学习态度和钻研精神，也奠基于此。他的知识、视野、志趣和习惯，都在这里有了良好的开端。

离开私塾后，朱德参加了科举考试。借着这个机会，他开始走出仪陇，去看一个崭新的广阔的世界。

（朱德同志故居纪念馆文博助理馆员　余洋）

历史小天地

朱德参加科举考试

1904年，朱德离开了席家碥私塾。1905年2月，他步行三十多公里，到仪陇县城参加科举考试，在一千余名考生中考入前二十名。4月，他又前往顺庆府参加府试。看起来，他的科举之路比较顺利。可是，清政府于7月宣布自1906年开始，废止科举制度。这样，朱德还没有经过成都的院试，便失去了考秀才的机会。

环境逼仄

千锤万凿为开窗

学习需要智慧

在没有条件的地方学习，变不利于学习的环境为有利于学习的环境，这就需要智慧，只要心中充满学习的渴望，就能找到有利于学习的方法。朱德小时候能想到在墙上凿一扇小窗，以利于通风、透气和采光，正是他的心中时时向往学习，不断思索，用智慧浇灌出的结果。

1894年农历腊月三十（除夕夜），"地主欺压佃户，要在租种的地方加租子"，朱德家里没有力量交纳地主的加租，地主的管家就在那天突然来到朱家，逼着他们退佃搬家。

突如其来的打击，晴天霹雳一样震碎了朱德一家人的心。没办法，他们只能向人家借了一些钱，加上家里仅存的一些钱，赎回原已典当出去的朱家大湾老屋和祖业田。全家被迫分居两处：生父朱世林带领一家迁居陈家湾；朱德随养父母、三叔、四叔搬回朱家大湾的祖屋居住。

朱家祖屋始建于清代嘉庆末年（1820年），建筑面积为336平方米，分为三个部分：主屋三明五暗，是土木建筑；东厢房是两间穿斗木架结构红泥夹竹板房；西厢房是木架草顶结构的猪牛圈。所有卧室的中间位置用木板隔出一个没有窗户的小房间，用来堆放杂物。

朱德就住在正房西侧主卧室上方光线昏暗、空气无法流通

朱德同志旧居墙壁上端的小窗

的小屋里。朱家是穷苦的佃农，他们吃的是豌豆饭、菜饭、杂粮饭，点灯用的是桐子压榨的油。平日里一天只吃两顿饭，农忙时才吃三顿饭，吃饭时按劳力的大小进行分配，平日里晚上是不点灯的。

朱德虽然在私塾念书，但他还是要参加家里的农事劳作，做一些力所能及的农活。白天，他在私塾念书，放学后回到家里天色已晚，因为家里不点灯，他根本没有办法复习功课。

转眼间，在席先生的悉心教导下，朱德已学完《千家诗》《纲鉴》《古文观止》《战国策》等，还常常与席老先生讨论起"公车上书""维新变法"等政治事件。

他常常利用课余时间，对一切可以找到的资料进行参读。为了增加学习时间又不给家里增加额外的经济负担，聪明的小朱德决定效法西汉大文学家匡衡凿壁偷光。

于是，他找来铁锤、凿子和墨斗，先用墨斗在楼梯口上方的南墙上画线定位，再用铁锤和凿子在墙上凿了起来。虽然是土墙，但按客家传统工艺夯筑的土墙是很坚硬的。朱德故居屹立近200年，历经数次地震而不倒，至今墙体摸起来仍有着坚硬如铁的质感，由此便知其坚固程度非同一般。

朱德凿了很久，手上磨出了血泡，才凿出一个1尺见方的小窗。小窗凿好后，室内一下子亮堂了起来，他将书桌搬到了窗前。

从此以后，朱德坐在小窗旁边，昼夜苦读，终于学有所成。

1960年3月，时任新中国全国人大常委会委员长的朱德回到故乡视察。这位 74 岁的老人指着这口小窗深情地对工作人员说："这口小窗是我当年亲手挖的,为的就是通风、透气和采光。"

在生活中我们难免会遇到一些困难,只要开动脑筋,就能想到办法解决,让生活充满阳光。

（朱德同志故居纪念馆文博馆员　高炯森）

历史小天地

匡衡凿壁"偷"光与朱德凿壁"借"光

匡衡是西汉大文学家,他自幼勤奋好学,但家中没有蜡烛。邻家有蜡烛,但光亮照不到他家,匡衡就在墙壁上凿了洞,引来邻家的光亮,让光亮照在书上读书。县里有个大户人家,有很多书。匡衡就到他家去做雇工,但不要报酬。主人感到很奇怪,问他为什么,他说:"我希望读遍主人家的书。"主人听了,深为感叹,就用书资助匡衡。后来匡衡成了一代大学问家。

朱德在墙壁上凿洞,向自然借光也有异曲同工之妙。

感悟生活
从社会中学习

通过现象看本质

少年时代的朱德，在家乡，看到周围走投无路的贫穷的农民，发现社会上有很多不公平的现象；在上海，看到工人的悲惨生活，觉得"世界上再也没有一个国家像中国这么悲剧"；在国外，看到殖民地民众成为"亡国奴"后的悲惨境遇，尤其是非洲黑人艰难的生存状态，这些现象让他想到了什么？又从中学到了什么？

1840年英国对中国发起鸦片战争，这成为中国近代史的开端。中国从此成为各国掠夺的肥肉，开始逐步沦为半殖民地半封建社会。朱德的少年时代，正是中国半殖民地半封建社会不断加深的时候。

1900年前后，四川连年遭受水灾，粮食几至无收，疫病流行，人祸天灾使得自给自足的小农经济濒于破产。很多原本就已贫穷的农民走投无路，无法维持生计。万般无奈之下，他们开始奔走于他乡,有的倒毙荒丘,有的卖儿鬻女,有的聚集起来到有钱人家去乞讨,叫作"吃大户"。有一天,正在私塾读书的朱德,忽然听到屋外纷杂的呼唤、呐喊声,以及小孩子们凄惨的哭声。走出教室一看,只见一片黑压压的,有六七百人从大路上经过。这群

青年时代的朱德

人老老少少,衣衫褴褛,形体消瘦,蓬头垢面。很多人的眼中写满了悲痛,老人们形容枯槁,颤巍巍地拄着木棍竹篙,小孩子的脸上写满了惊慌,饿得直哭,整个人群散发出一种死亡的味道。迫人的气息,把看热闹的学生都吓跑了。可是,当地士绅从保宁府请来100多个官兵,把饥民打散,还杀了不少。

青年时期的朱德说,这件事"给我很深的一个刺激"。后来,朱德到成都求学以后才发现,成都也有很多的"光冬冬"——这是一丝衣服不挂的穷人,有不少人住石岩。1922年,朱德在上海参观了许多小工厂,看到了工人们的悲惨生活,也看到了饿死街头的贫民。正是这些社会现象,让朱德觉得"世界上没有一个国家像中国这么悲惨"。

在去欧洲的途中,他沿途参观了很多城市。富人的花园洋房同贫民的破屋陋棚形成鲜明的对比,殖民地民众成为"亡国奴"后的悲惨境遇,尤其是非洲黑人的生存状态,让朱德深感"世界

上悲惨的事情不单单是在中国"。他到了法国，看到到处是战后的残破景象，衣不蔽体的乞丐也很多，战争的恐怖阴影和颓丧的情绪四处弥漫，这是他在国内时没有想到的。多年以后，朱德曾对人谈起自己在德国留学时对未来的畅想：如果有一天到处都安有管子，管子里充满了营养液，人们饿的时候只要拧开龙头喝就可以了，世界上再也没有饥饿，那该多好啊！对现实社会的观察学习，使朱德萌生了救国救民的思想，最终他选择了共产主义作为自己一生的事业，更加坚定了通过军事运动，推翻帝国主义、封建主义和官僚资本主义的剥削压迫的志向。

（朱德同志故居纪念馆文博馆员　高炯森）

历史小天地

读书不忘救国

1906年，朱德考入顺庆府官立中学堂。时任中学堂监督的张澜多次对学生们说：要亡国灭种了，要牺牲身家性命，去救国家。朱德在顺庆府中学堂读书期间，经常去找一位叫刘寿川的老师，听他讲日本明治维新以来的事情，听他讲同盟会的纲领，看他从日本带回来的理化仪器和幻灯片。从此救国的意识深深植入他的心海，他也由此接受了读书不忘救国的思想。

妙手天成
课桌上的桃心形图案

灵活解决困难

　　勤奋学习的朱德，在好朋友带来的课桌上独自挑灯夜读，不小心把灯盏给打翻，灯油泼洒在桌面上，桌面立即燃烧起来，虽然把火扑灭了，但桌面却被烧了一块醒目的黑乎乎的印记，朱德是怎样处理这件"小事"的？用了什么巧妙的方法？他这样做，他的好朋友会原谅他吗？

　　秋试快要到了，为了考出好成绩，18岁的朱德带着100斤大米作为伙食，住到了席聘三老先生的家里，每日昼夜苦读。这年，学友吴绍伯把一张新的四方桌搬进了私塾，当作课桌使用。

　　他非常热情地邀请好友朱德共用这张课桌，方便学习时互相讨论。一天晚上，朱德独自挑灯夜读，不小心把灯盏给打翻了。霎时间，灯座倒在桌上，灯盏也从灯座上滚了出来，灯油泼洒在桌面上，桌面立即燃烧起来。

朱德青少年时使用过的木方桌

刻有桃心形图案的桌面

见此情形，他急忙想办法先把火扑灭了。遗憾的是，干净的桌面上留下一块黑乎乎的印记，很是醒目，非常难看。

"这可怎么办才好？吴绍伯一片好心，把新桌子与我分享，现如今却把人家好好的一张新桌子给弄成这副样子，这可如何向吴绍伯交代啊。"朱德走出房间，在院子里踱步，心中既沮丧又懊恼，更自责：自己怎么就这么不小心，居然把灯盏给打翻了，还把桌子给烧成这个样子，多难看啊。赔他一张新的吧，他肯定不会接受，再说了，自家也没那么多钱。不赔吧，看着那黑黑的烧痕，我心里又堵得慌，觉得对不起吴绍伯。要是当时小心一点，不就不会发生这样的事了吗？现在可怎么办？"烧了就烧了，你又不是故意的，吴绍伯不会生气的。"席先生见他沮丧，温言宽慰他。"那可不行，每个人都应对自己的行为负责。我把桌子弄坏了，理应赔偿。可您也知道我们家的情况，我上哪儿去弄新桌子赔他？"

突然，他灵机一动："有了！"说完转身跑进了厨房。不一会儿，只见他拿着一把刀进屋，趴在桌上，用刀在烧黑的地方轻轻地刮起来。不一会儿，但见一个深约一毫米、拳头大小的桃心形图案出现在桌面上。那烧黑的部分已经化作木屑，堆在旁边。图案看上去光洁整齐，与桌面融为一体，不仔细看，还真就什么也看不出来。第二天，吴绍伯惊奇地发现，桌面上多了一个桃心形图案。

"玉阶老弟，这是你刻的？"

"嗯，是我刻的，这叫'桃李满天下'，怎么样，好看吗？"

接着他便把昨晚如何不小心打翻灯盏烧坏桌面，又是如何想办法进行补救的经过娓娓道来。

吴绍伯听了哈哈大笑："玉阶老弟，这样的点子，亏你想得出来！"

（朱德同志故居纪念馆文博馆员　高炯森）

历史小天地

南昌起义巧设宴

南昌起义决定在8月1日举行，前一日晚，朱德举办宴会，宴请南昌团以上的军官。宴席上，朱德十分从容，热情地向团长们亲自夹菜，团长们个个笑容满面，一边吃菜，一边喝酒、聊天、划拳，无不高兴。正在兴头上，一个营长慌慌张张跑了进来，说他接到命令，要他解除自己队伍的武装。朱德不紧不慢地说道:"现在什么谣言没有?不要大惊小怪,打牌,打牌!"稳住了大家的情绪。接着跑到起义指挥部,告诉贺龙起义的消息已经走漏了,一个副营长叛变了。

情况紧急万分,指挥部当机立断,下达了提前两小时起义的命令。经过4个小时的战斗,宣告成功。

联系实际
学习才能富国强兵

有知识，才能报国

朱德不管是在私塾里学习还是在顺庆府上学时，经常借阅书籍，通过广泛的阅读，朱德的眼界放宽了。后来即使在行军途中，只要有闲暇时间，朱德也会捧起书来阅读，从未间断。要让祖国富强，就需要人人有知识，没有知识，怎能更好地报效祖国？

在席聘三的教导之下，青少年时期的朱德开始关心国家大事。那时在读书人中充斥着"富国强兵"的思想，朱德非常清楚，要做"富国强兵"的事情，没有知识不行。

于是，朱德更加刻苦地学习。当时私塾主要教授国学，"四书""五经""纲鉴""二十四史"等都是朱德学习的主要内容。朱德不但广泛阅读古籍，还利用各种机会广泛阅读戊戌变法后出版的新书。好友吴绍伯出身书香门第，家里有书房，书很多，家人还常常从成都给他买一些新出版的科学书籍回来。朱德也因此受益匪浅。

吴绍伯将《算学》《地理》等新书带到私塾和席聘三等人一起探讨，朱德经常向吴绍伯借阅这些书籍，用他自己的话说："我们借光了"，"吃了便宜"。通过阅读，朱德的眼界放宽了，知道了世界这个概念，知道了有地球，而且还是圆的（而不是天圆地方）。

外面的世界对他充满了吸引力，最终他决定离开家乡，去看看外面的世界。

1906年朱德在顺庆府就读时，经常到学校的老师那里借阅书籍。这时他已经开始有意识地关注军事，不仅熟读了《孙子兵法》，连滑铁卢战役图也大致记得。1917年朱德驻防泸州期间，专门给自己开辟了一间书房，购置了大量的书籍潜心阅读。

现在的泸州图书馆便收藏着他当年的两千册藏书。从现存的朱德藏书可以看出，他爱好广泛，天文、地理、哲学、政治、军事、经济、历史、人物传记、文学作品等都是他涉猎的对象。

朱德读书有个习惯，那就是作批注，在朱德阅读过的很多书籍中都留有他的批注。1922年朱德到了德国留学以后，购置了大量的书报进行阅读，他不仅购置了大量报道一战进展情况的报纸汇编，专门对欧洲一战进行了研究，而且认真学习马克思的《共产党宣言》、恩格斯的《社会主义从空想到科学的发展》、列宁的《帝国主义是资本主义的最高阶段》、梅林的《论历史唯物

泸州图书馆收藏的朱德藏书

朱德在德国留学期间学习过的德文版《共产党宣言》和《共产主义ABC》

主义》、布哈林的《共产主义ABC》等理论著作。这些阅读使朱德逐渐树立了马克思主义的信仰，为他实现富国强兵的理想提供了重要的思想指引。

更加难能可贵的是，即便是革命战争年代，哪怕在行军途中，只要有闲暇时间，朱德也会捧起书来阅读，从未间断。这正是他为富国强兵而不辞辛劳学习的生动写照。

（朱德同志故居纪念馆文博馆员　高炯森）

历史小天地

富国强兵　学以致用

朱德广泛阅读各类书籍扩充自己的知识储备，同时也在积极关注关于革命的各类进步书籍。有一次朱德正在看进步书刊，被秘密追查的巡捕发现，并要将其作为"革命党"人抓捕。朱德急中生智喊道"我不姓葛，我姓朱，我不叫葛明德，我叫朱德"，并料定此巡捕不认识字，说自己看的是《三国演义》，巡捕见朱德如此淡定，就相信了朱德的话。后来朱德同学中流传着一句歇后语：玉阶兄看《三国》——蒙人。

勇于探索
在锻炼中学习

坚毅的军事素养与战斗意志的形成

朱德曾说:"这是我寻找多年的地方!我一心一意投入讲武堂的工作和生活,从来没有这样拼命干过。我知道我终于踏上了可以拯救中国于水火的道路,满腔热忱,觉得中国青年着实可以使高山低头,河水让路。"朱德从云南陆军讲武堂出发,开启了他辉煌的军事生涯。

1909年1月,朱德告别生活了22年的家乡,长途跋涉70余天来到昆明,几经周折,终于考入了云南陆军讲武堂步兵科。讲武堂在军事教育和军事训练方面是近代化的,而且要求相当严格。在讲武堂的教学中,操场上的训练远远超过教室里的讲授。校长李根源提出了"坚忍刻苦"的校训,教官们以日本士官学校的要求为标准,军事训练十分严格,特别强调操场上实战训练。

讲武堂在军事教学方面,非常重视理论与实践的紧密结合,

朱德（前排左一）与云南陆军讲武堂部分同学合影

也就是学科与术科并重的教学方式，学科所学的内容以日本士官学校的学科体系和内容为根本。各科的军事教材使用日本士官学校的教材，直接将日本先进的军事理念植入教学中。朱德回忆："学校的规章与日本士官学校一样，生活很苦，同士兵一样起居，饭食、进操都是一样，只有上课不同。管束得也很严，完全是新军队生活，非常之严。"

在讲武堂，每天早晨5点唱着讲武堂的军歌集合，环翠湖跑步一圈或从讲武堂跑到大观楼，然后做柔软体操、器械体操；上午两节学科课，两节持枪训练课；下午在操场上进行队列操演、战术动作训练和集体跑步；晚上两节自习，夜间还经常进行紧急集合训练。这些学习和锻炼使得朱德的身体素质大大提高了。

讲武堂的军事实战训练不允许有丝毫马虎。战术动作无论是徒手、劈剑、对刺都要求精确、敏捷、纯熟；野外勤务则按营连排展开、跃进、合围、散开，务求规范。以上项目不合格者要反复操练，不得休息。朱德在讲武堂的学习是很刻苦的，他的同班同学杨如轩回忆："朱总在讲武堂时给我印象最深的就是他刻苦好学，哪怕休息时间，他都用来看书或锻炼身体。"通过严格的学习训练，朱德全面掌握了各项军事技能，具备了比较全面的军事素质和作为一名军官所必备的战斗力。

队列教练中,"在操场上,严格地进行班、排、连、营、团的队列教练,要求每个人姿势端正,动作敏捷,各个动作都要反复练习,做到纯熟了才能结束",足见其训练的严格程度。"讲武堂很着重打靶唱军歌,打野外,完全是现代化的训练。"讲武堂还会定期举行野外训练和炮弹射击训练,要求步兵学员每次射击训练子弹不少于15颗。由于课程完善、教学严格、纪律要求高,讲武堂毕业生的综合军事技能比当时其他军事学堂高出一筹。朱德就是在这个时期探索学习,磨炼着自己的意志和能力,为以后的前线抗战打下了坚实的基础。

(朱德同志故居纪念馆文博馆员　高炯森)

历史小天地

义无反顾选择新的道路

1908年12月初,朱德向家里说明他要参加新军,全家人都以为他疯了。他们开始显得很和蔼,小心地劝他留在家里,休养休养脑筋:他们认为念书念得太多,影响了他的脑筋。等朱德说明他完全清醒,并且决定献身于解放中国的事业时,对一向疼爱朱德的养父也是一个致命的打击。朱德起程出发的那天,竟没有一个人来送别。"他离开了他的家,成了一个流浪者,世界上的一切似乎都在跟他作对。"

"那的确是可怕的,非常可怕的。"朱德说,"不过我已经选择了我的道路,义无反顾了。"

目的明确
学习重在应用

学习不是教条主义

学习的目标是应用,在困难面前,就要运用学到的知识,"不战而屈人之兵"。透过朱德活捉总督李经羲这一事例,我们可以看出他的活学活用。正是他的这一品质,减少了不必要的伤亡,为国家和百姓带来了好处。

1911年8月,朱德从讲武堂提前毕业,被分配到蔡锷部下,在第三十七协第七十四标第二营左队以见习生资格当副目(相当于副班长)。军中的广大士兵基本上是农民、手工业者,也有一小部分小资产阶级分子。

这些人本来对清朝的腐败与没落非常不满,士兵和下层军官要求革命的愿望比较强烈,他们中很多人加入了哥老会。为做好士兵们的工作,朱德加入了哥老会,常利用哥老会的身份与他们聊天,利用帮他们写家信的机会向他们宣传革命道理。

武昌起义后，云南革命党人决定于10月30日（农历九月初九）晚上12时举行起义。当天晚上9时左右，昆明北校场第七十三标士兵正在为准备起义而抬运子弹时，遇到北洋派值日队官（相当于连长）查究，情绪激昂的士兵开枪打死了这几个军官，起义就提前发动了。

李经羲听到场里响起了密集枪声，知道大事不妙，立即抓起电话找蔡锷率兵救援。蔡锷放下电话，宣布起义。

行动前，先前任命的前锋区队官带着几名亲信跑了，朱德被蔡锷指定为前锋区队官，率部执行攻击任务。朱德率前锋区队来到财神宫时，守卫在这里的巡防营得知起义的消息，纷纷加入到起义队伍中来。

黎明时，起义军已占领所有城门，朱德率部迅速向云贵总督府靠拢。虽然手中有一门炮，炮弹只有三颗，而且其中有两颗是哑弹，但是朱德却利用唯一的一颗炮弹炸毁了总督府第一道大门，随后他大手一挥，率领众人向总督衙门冲去，与总督衙门的卫队交战。奉命据守第二道大门的卫队中，有不少四川人，起义前，朱德通过同级哥老会的关系，给总督府卫队做了许多宣传工作。见大局已定，总督府卫队纷纷响应起义，同首先冲进来的突击队一起，打开了第二道大门。

罗佩金率领的大批援兵也赶了过来，起义军很快占领了云贵总督府。云贵总督李经羲眼看十面埋伏，听得四面楚歌，自知无力回天，三十六计走为上，他打开地下通道，遁身而去。

清政府云贵总督衙门旧址

朱德冲进总督府，只见总督府内一片狼藉，但是已不见李经羲的踪影。从一个被捕的士兵嘴里，朱德得知了李经羲的下落，立即带兵前往追捕。在四集城萧家大院，朱德将李经羲活捉。他对李经羲说，清王朝已经没落，共和革命是大势所趋，不可逆转。如果李经羲给云南四大镇守使写信，让他们停止抵抗，服从军政府，他将说服蔡锷将李经羲安全送出云南。

李经羲权衡之下分别给滇东的镇守使夏豹伯、滇南蒙自关道尹龚心湛等四大镇守使写信，让他们立即停止抵抗，服从军政府的指令。

随后，朱德命令士兵把李经羲送到省参议会，交给起义军指挥部。他带着李经羲的书信去见蔡锷，对蔡锷说："不战而屈人之兵，可以减少许多不必要的伤亡，对国家、对百姓都有好处。

李经羲既然愿意玉成此事，说明他并非大奸大恶之人，可以把他送出境去。"

蔡锷欣然同意，对朱德的智谋倍加赞赏。夏豹伯、龚心湛等人收到李经羲的书信后，率领所辖四十个巡防营一万多人，全部归顺新的云南军政府，云南全省宣告光复。

（朱德同志故居纪念馆文博馆员　高炯森）

历史小天地

朱德打井济民

清光绪二十六年（公元1900年）仲夏，仪陇县马鞍镇骄阳似火，一连20多天没下过一滴雨。一时之间，田地龟裂，禾苗枯焦，人们只好到处找水，维持生活基本所需。

一天傍晚，从私塾归来的朱德，放下书袋，像往常一样背上背篓、拿上镰刀，到田埂上割下半篓子枯草后，眼前一亮，看到有一丛青草，他立即放下背篓，奔了过去，用镰刀撬开草皮，但见此处泥土松软湿润，他联想到学习的知识，觉得这下面应该有水，于是，他叫上兄弟们一起挖井找水，终于挖了一口水井。解放后，乡亲们为感激他的恩泽，便用人们心中最神圣的"琳琅山"为此井命名，取名为"琳琅井"。

科学分配
书本实践相结合

学与做

死记书本，就成了书呆子；只动手不动脑，就成了蛮干。面对复杂的斗争局面，如何巩固队伍并提高部队的作战能力？如何把土匪围而歼之？这就不是光靠读死书就能解决的了，必须把书本上的知识用到实践中去，在实际生活中再结合书本知识，才能更好地加以运用。不与实践相结合的知识是僵死的，不与知识相结合的实践是盲目的。

1913年夏，朱德奉调到云南陆军第一师第三旅步兵第二团，升任第一营营长。秋天，部队奉命开往云南南部边疆，驻防蒙自、个旧、临安一带剿匪。

这里的土匪人数众多，武器好，人熟地熟，啸聚山林，神出鬼没，再加上这里天气炎热，瘴气大，很容易生病，原来驻扎在这里的一个营很快只剩下两个连，剿匪工作难以进行。

第二篇章　求学篇

朱德驻防临安（今建水）时，在云南临安镇红井的旧居

朱德到了蒙自、个旧之后，首先向老中医请教防治瘴气的办法，为了防止土匪的偷袭，朱德在营房的四周用巨石垒起了高高的围墙。

他特地拜访了当地各少数民族的头领，各头领均表示，只因官府拿土匪没办法，他们惧怕土匪手中的枪，才不得不对他们示好，忍受他们的勒索。

白天，朱德带着人满山遍野地跑，观察地形，访问群众，尽可能详细地了解土匪活动的特点和规律；晚上，他坐在灯下，反复研究搜集到的各种情报，结合自己学习过的军事理论，思索着克敌制胜的战略、战术。

有一天，他顺手翻开早已烂熟于胸的《孙子兵法》，看到这样两段话："故知胜有五：知可以战与不可以战者胜，识众寡之用者胜，上下同欲者胜，以虞待不虞者胜，将能而君不御者胜。

此五者，知胜之道也。故曰：知己知彼，百战不殆；不知彼而知己，一胜一负；不知彼不知己，每战必败。""兵无常势，水无常形，能因敌变化而取胜者，谓之神。"他反复吟诵了四五遍，希望能从中找到灵感。突然，灵感之门豁然开启，他眼睛一亮："有办法了！以其人之道还治其人之身。对，就这么干！"

朱德治军严明，强调遵纪守法，不得侵犯百姓利益，是以军民一心；同时，他爱兵如子，强调士兵与官长互敬互爱，禁止打骂和体罚，是以上下一心。只要做到知己知彼，就可以其人之道还治其人之身，用秘密、迅速、机动、灵活的战术与土匪作战，各个击破，最后围而歼之。只要保存了自己的实力，不断地消灭敌人的有生力量，就能积小胜为大胜，夺取最后的胜利。从那以后，他开始带着人秘密、迅速地出动，跟土匪玩起了捉迷藏，山间、河谷、密林、村舍几乎天天都会响起枪声。

1914年9月的一天，朱德得到情报，土匪方位与十几个土匪正躲在冷水沟的黄喜店子里，毅然决定率部围击。方位等正在店子里喝酒，虽被包围，却负隅顽抗。双方激战三小时，方位从屋后逃出，藏匿在沟边，后被击毙。其余土匪则躲在店子里，守在各个出口处不断往外打冷枪。朱德命人打来煤油，将煤油泼在店子的前后门上，然后点起火来。土匪见势不妙，纷纷跳窗逃跑，全部被守候在外的士兵抓获。事后，朱德报告旅长刘云锋，请求政府对被土匪杀害的居民亲属给予赈恤；对因剿匪而不得已烧毁的老百姓房屋按市价赔偿。

土匪遭受重创后，几个府、十几个县内匪患全部平息，朱德将在书本上学到的知识与实践相结合，取得丰富的实战经验的同时，又总结出"秘密迅速，化整为零，化零为整，声东击西，忽南忽北，即打即离，夜间行动，打得赢就打，打不赢就走"等战术，流动的游击战术已具雏形。

这套游击战术，在他以后的革命斗争和实践中，又得到了不断的丰富和发展，为中华民族的解放事业做出了卓越贡献。

（朱德同志故居纪念馆文博馆员　高炯森）

历史小天地

朱德的游击战思想

1925年，朱德到莫斯科秘密军事训练班学习军事，担任学员队长。有一次，苏联教官问他："你回国后准备如何打仗？"朱德爽快地回答："部队大有大的打法，小有小的打法。我的战法是'打得赢就打，打不赢就走，必要时拖队伍上山'。"教官一听就直摇头，批评他这种做法就是不敢跟敌人正面决战，显得太懦弱，给了朱德差评的成绩。

朱德的这种理论观点在后来的战场实践中得到了很好的发挥。在中国革命战争时期，朱德的上述观点与毛泽东的游击战思想不谋而合，两位伟人带领工农红军创立了游击战的"十六字诀"，即"敌进我退，敌驻我扰，敌疲我打，敌退我追"。

持之以恒
学习态度要专注

"向一切的人们学习"

朱德在1949年《在北平"七一"二十八周年纪念大会上的讲话词》中说道："共产党人有一个大长处，就是善于学习。""我们应当向先进的苏联学习，同时也向我们的敌人学习，向一切的人们学习。"朱德在德国期间，用了什么方法潜心研究欧洲军事？在陌生的环境，他又有怎样的思考？

第一次世界大战爆发后，朱德对一战中的战术运用和新武器、新技术的应用非常关注。朱德到德国以后，在博物馆里看到战争中从中国掠夺的文物，心中无比伤痛，更加激发了他潜心研究欧洲军事的决心。

1923年5月4日，朱德离开柏林，移居到德国中部的哥廷根，朱德住在文德路八十八号。这栋房子的主人是一个曾在德皇军队中担任过将军的男爵。朱德为了深入了解世界近代战争，买了许多德文的军事书籍，其中有一套关于第一次世界大战战史的报纸汇编。朱德在文德路男爵家里住了五个月，生平第一次以小时计费的方式请那位男爵为他辅导，并请他讲解第一次世界大战的典型战例，研究其战略战术。

在德国哥廷根时的朱德

由于这位男爵讲得并不深入，根本无法满足朱德的求知需求，大多数时候朱德只有自己去领会。这年夏天，朱德和很多在德国的同志一起，应德国共产党的邀请参观了有二十万人参加的红色前线战士同盟检阅式、野营训练和巷战演习。当时德国共产党在德国是合法的，他们把广大工人群众团结在自己的周围，组建了红色前线战士同盟这个半军事性组织。在演习的过程中，群众纷纷为战士们运送补给物资，参与伤员救治，捐献大量食品，组成了一支军民团结共同抗敌的大军。朱德深受感染，他说："这是人民武装的一次演习，一旦革命需要他们拿起武器，这就是一支强大的工人阶级军队。看来，革命要取得成功，要有人民的军队，还要有人民的支持。"

朱德一直专注于对军事的研究，除了阅读一战战例报纸汇编以外，他每次出行时，总会不自觉地带着一种军事的眼光看问题。一进入陌生的环境，他总是会思考这里要是打起仗来应该怎样布置，然后就在脑海中排练起来。不同的地点不同的时间不同的环境运用不同的战术战法，一场又一场的"战争"便在他的脑海里"打"了起来。

在第一次世界大战遗留的战场，朱德以专注的学习态度，潜心研究了世界近代战争的军事史，从中吸取精华，这是他的军事才华迅速集聚的一个时期，为他今后作为人民军队的最高统帅，指挥全军集团化作战奠定了坚实的基础。

（朱德同志故居纪念馆文博馆员　高炯森）

历史小天地

刘鼎回忆朱德在哥廷根大学求学

在哥廷根大学里，我党旅德支部党小组经常组织学习讨论，那时，我们学习的书籍有《共产党宣言》《共产主义ABC》《马克思恩格斯通信集》等。朱德同志学习非常认真专注，记了不少的笔记。他读的书，圈圈点点，密密麻麻，写满了批注。他的这种刻苦学习的精神，连接近他的德国同志都很感动。他们说："一个中国将军到德国学习马克思主义，这么刻苦，我们德国人难道不应该好好学吗？"

第三篇章

交友篇

在那个硝烟弥漫、战火纷飞的年代，朱德结识了众多良师、同学、战友和朋友，正是在他们的帮助和影响下，朱德走进新式学堂，接受新思想，一步步走上革命之路，从一名爱国主义者、民主主义者成长为伟大的共产主义者，从普通一兵成长为中国人民解放军和中华人民共和国的主要缔造者和领导人之一。他与刘寿川、李根源真挚的师生情，与刘伯承、赵镕深重的革命情，与良师益友蔡锷浓厚的战友情，与范石生真挚的同学情，以及与孙炳文的莫逆之交，与映空和尚的同道之情，与了尘法师的患难之交，与雷允飞的金兰之谊，都弥足珍贵，是先辈们留给后人的一笔宝贵精神财富。他们之间的故事着实让人感动，值得我们青少年一代学习和借鉴！

深情厚谊

为刘寿川题碑文

上新式学堂　走革命之路

"读书是读书，对国家大事很关心。当时学生都自命为中国主人翁，一般人也是把希望寄托在学生身上，先生也认为是这样。"朱德在自传中这样写道。朱德在恩师刘寿川的帮助下，上新式学堂，接受新思想，并从此走上革命之路。

1906年，四川废除科举，兴办学校。朱德进入南充县（南充是顺庆府的首县，也是府治所在地）官立高等小学堂学习。6个月后，在刘寿川先生的帮助之下，朱德考入顺庆府官立中学堂。这所学校是由一批从日本留学回国的革新派人物办的。学校课程设有国文、数学（包括算术、代数、几何、三角）、物理、化学、图画、体育等学科。学校里的老师大都具有不同程度的资产阶级民主革命思想，属于进步的革新派。他们在讲课和谈话中，经常向学生灌输反对帝国主义侵略的爱国主义思想，并以反对"旧制度"为名，抨击清政府。刘寿川与朱德是同乡，和朱德还有一点亲戚关系，也在这里任教，他便由此成为朱德的老师。刘寿川向学生传播现代文化科学知识的同时，介绍日本维新运动和孙中山领导革命的情况；课余时间，刘寿川还邀约朱德等人到其家里，观看从日本购回的理化仪器、化学药品、科学体育书籍等。他还向朱德等人介绍日本如何通过明治维新一跃成为强国，以及孙中山在海外创建同盟会、发行《民报》等革命活动。

朱德在顺庆府中学堂读书只有一年时间，但同刘寿川结下了深厚的师生情谊。他在这里不仅学到了新的科学知识，还受到了救国救民先进思潮的影响。这一年既是他从学习旧学到新学的转变，也是他接受"读书不忘救国"进步思想的开端，是他一生中思想发展的第一个重要转折。

1908年年底，从四川通省师范学堂附设体育学堂毕业的朱德，被刘寿川推荐到仪陇县立高等小学堂任教。1909年，朱德在刘寿川的支持和资助下，赴云南陆军讲武堂学习军事。临行前，朱德曾与刘寿川商量过。刘寿川认为：朱德有救国救民的志愿，具有军事方面的资质，走"从军救国"的道路是对的。当时的云南陆军讲武堂有很多同盟会会员，革命气氛很活跃。因此，刘寿川极力主张朱德去报考。两年后，朱德从云南陆军讲武堂毕业参加了滇军，而后任至团长，直至少将旅长，驻防四川泸州，其时刘寿川一直在朱德旅部做咨谋（即参谋），后做四川南溪县知事。

1922年，朱德为寻求真理，准备远渡重洋到德国去。在上海

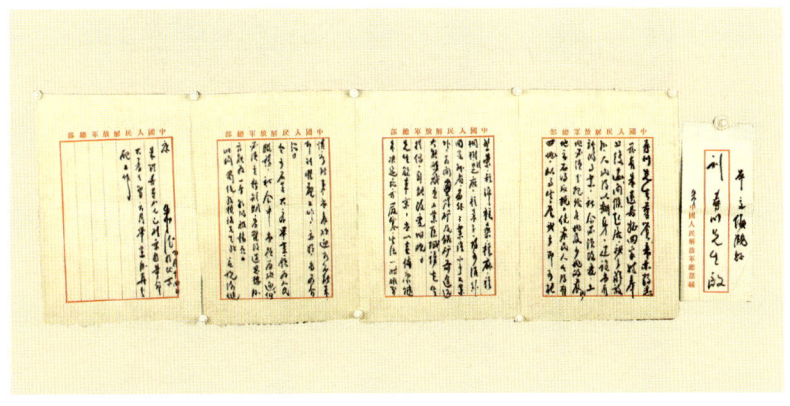

朱德写给刘寿川的信

启程时，刘寿川又由重庆专程赶到上海，亲自将他送上轮船，并赠送路费。朱德在德国一直与刘寿川保持联系，寄回信件和照片；刘寿川也经常寄钱给朱德作为留学费用。

1926年，朱德回国后被派遣到川军杨森部做党代表，做杨森的统战工作。时任该部秘书的刘寿川在获悉杨森将要对朱德下毒手时，及时向朱德通报了杨森的阴谋，并掩护朱德脱离魔窟。对老师冒着生命危险救他脱险的大恩大德，朱德始终铭记在心，终生难忘。

刘寿川曾两次争取杨森起义。一次是在全国解放前夕，一次是在杨森去台湾后。杨森也是刘寿川的学生，他与朱德是同学，在护国军又是同事。刘寿川试图利用这样的关系争取杨森起义和返回大陆，但都未能成功。刘寿川生前常说起他的两个学生：朱德走上革命之路，为革命立下丰功伟绩，流芳百世；杨森走反革命之路，罪大恶极，遗臭万年。言谈之下，感慨不已。

刘寿川墓（碑文由朱德亲笔题写）

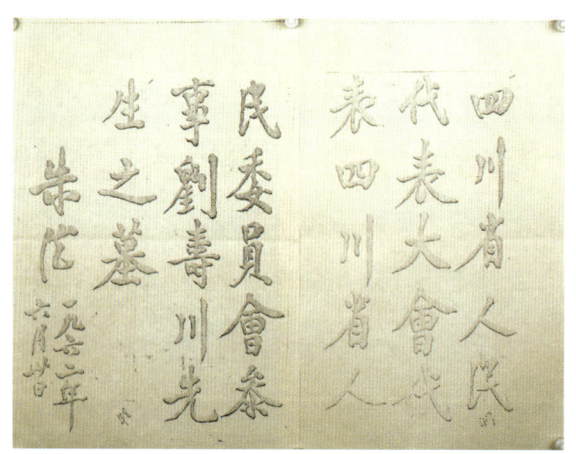

朱德为刘寿川写的碑文

　　1955年年初，刘寿川到北京，在短短的二十多天时间里，日理万机的朱德曾五次拜见他。1959年9月，刘寿川之子刘长征从北京调回成都工作，临行前，刘长征向朱德和康克清辞行，他们留他一道吃饭，并交代说："你父亲年纪大了，身边需人照顾，调回成都，一面要好好工作，一面要好好照顾老人。"1960年，朱德还派儿子朱琦到四川看望恩师刘寿川，转达对老师的关怀和问候。

1962年，刘寿川先生在成都病逝，朱德送了花圈，并亲笔题写了墓碑碑文"四川省人民代表大会代表四川省人民委员会参事刘寿川先生之墓　朱德　一九六二年六月卅日"，足见朱德对恩师刘寿川的深厚感情。

（朱德同志故居纪念馆文物研究科科长、文博副研究员　许宏强）

历史小天地

新中国成立后朱德写给刘寿川的信

新中国成立后，刘寿川一直在四川省政府供职，朱德和他曾有多封书信来往。1950年3月，刘寿川给朱德写信，由儿子刘长征带到北京面陈，朱德很高兴。4月，朱德在给老师刘寿川的复信中写道："特奉上复函，问候起居。我今解放后，人民得以翻身，建设当有新的事业。……先生欲来京，当以贵体健康来决定，北方严寒，生活一时难以习惯，如能来当表欢迎，如不能来，即到顺庆工作，亦好……"1950年，刘寿川经朱德介绍到川北行署任委员，兼任川北区禁烟禁毒委员会副主任、政法委员会委员。9月，川北行署撤销后，刘寿川任四川省人民委员会参事，同时被选为四川省人民代表大会代表。

志同道合
亲密战友刘伯承

两位四川籍元帅

"志坚如铁，从无失败情绪。总司令参加革命以前，生活优裕，即使不升官发财，亦足以度其舒适之一生，然当其一旦认识革命，即弃如敝屣，义无反顾。"这是朱德六十大寿时刘伯承接受新华社记者采访时的一段话，也是对朱德为人最中肯的评价。在新中国的十大元帅中，朱德和刘伯承同为四川人，曾经是对手，但后来却成为并肩作战的战友。

抗日战争期间，作为战地摄影记者的徐肖冰曾经遇到这样一个场面：在一次军事会议召开之前，八路军将领站在屋前，三个一群五个一伙地围在一起聊天。徐肖冰手举摄影机忙着选取镜头。他看到朱德和刘伯承正谈得热烈，笑得那么开心，忙过去拍摄。

"你拍我们两个，你可知道我们两个是对头，是交过手的。"刘伯承扭过头，指着镜头说。

朱德

刘伯承

"是下棋还是打球?"徐肖冰随口问道。

"下的啥子棋哟,我们是真枪实弹地交过手哩。"刘伯承认真地回答着。徐肖冰惊讶了,到底是怎么回事?

原来,早在1916年,朱德和刘伯承就参加了反对袁世凯复辟帝制的护国战争。当时,朱德在入川参战的滇军中任团长,刘伯承则在川军中任职。战后,四川逐渐形成了军阀割据的局面,战事不断发生。1917年年末,军阀熊克武为了消除另一军阀刘存厚的势力,派遣刘伯承作为代表赴川南泸州与云南军阀唐继尧的部队谈判,意欲联合驱逐刘存厚。在这次谈判中,刘伯承结识了朱德。然而,到了1920年,唐继尧图谋霸占四川的统治大权,企图联合其他四川军阀驱逐熊克武。结果,熊克武利用"川人治川、驱逐客军"

的口号，与四川各军阀联合起来，将驻川滇军逐出四川。在这次战争中，刘伯承率部与滇军作战，连连取得胜利，而朱德所在滇军接连失利，一直从成都溃退到贵州境内……

徐肖冰心中释然，终于明白了朱德和刘伯承曾经是对头的缘由。

那么，朱德和刘伯承又是如何走到一起的呢？

1917年发生在俄国的十月革命和1919年发生的五四运动，给沉闷、黑暗的中国社会注入了充满活力的新鲜气息，许许多多探索中国振兴的仁人志士终于从马克思、列宁那里找到了拯救中国的正确道路，朱德和刘伯承在革命大潮的推动下，先后参加了中国无产阶级的先进组织——中国共产党，从此走上了一条崭新的革命道路。

1926年7月，在国外学习军事并且已经成为共产党员的朱德回到了阔别4年的祖国。不久，他受党组织的委派，前往四川万县策动军阀杨森易帜，参加北伐革命。但是杨森狡诈多谋，颇有翻手为云、覆手为雨的投机本事，在朱德面前屡屡失信。这年11月初，正当朱德感到工作很棘手的时刻，刘伯承突然出现在他的面前，令他喜出望外。刘伯承此行是受党中央的派遣从上海来到四川策划军事起义的，当刘伯承把消息告诉他时，他兴奋地连声说道："好了，好了，这一次我们可以大干一下了！"朱德和刘伯承多年不曾谋面，遇到一起自然有说不完的话。当初，两人同在军阀的部队里，各为其主在战场上拼杀；如今，为了共产党的革命事业，两人走到了一起，成为志同道合的亲密战友。

11月中旬，成立由杨闇公、朱德、刘伯承三人组成的中共重庆地方委员会军事委员会。12月，在泸州和顺庆发起了泸顺起义，支援北伐，推动四川革命形势的发展。起义失败后朱德经武汉前往南昌开展新一轮的工作。

在后来的年代里，朱德和刘伯承患难与共，风雨同舟，为中国人民的革命事业建立了卓越的功勋。

（朱德同志故居纪念馆文物研究科科长、文博副研究员　许宏强）

历史小天地

祝刘伯承同志五十寿辰

戎马生涯五十年，凭歼日寇镇幽燕。

将军猿臂依然健，还我山河任仔肩。

这是1942年12月16日刘伯承五十寿辰时，朱德亲自撰写的祝寿诗。朱德在诗中深情地回顾了刘伯承50年革命斗争生涯，热情祝愿刘伯承身体矫健，在驱逐日寇复我国土、还我河山的斗争中为党为人民建立更大的功勋，充分表达了革命战友之间的深情厚谊。

良师益友

革命引路人蔡锷

《题护国岩》

曾记项城伪法苛，佯狂脱险是松坡。
清廷奸佞全民蠹，专制淫威碍共和。
京兆兴妖从贼少，滇黔举帜义军多。
风流鞭策岩门口，将士还乡唱凯歌。

1918年秋，朱德再次来到蔡锷亲书的"护国岩"下，旧日题刻犹在，而蔡锷已经作古，睹物思人，即兴写下这首诗。从两人相识到蔡锷病逝只有短短7年，他们既是师生又是上下级，既是朋友又是战友，在历史上留下了一段佳话。

1909年11月，朱德考入云南陆军讲武堂丙班步兵科，开启了他辉煌的军事生涯；1910年7月，又被选拔进入特别班。1911年6月，原在广西新军任职的蔡锷被云贵总督李经羲调往云南，任陆军第十九镇第三十七协协统（相当于旅长）。蔡锷早年曾留学日本士官学校，由于学习成绩优异，被誉为"中国士官三杰"之一，回国后，先后受聘于江西、湖南、广西督办军事学堂。他思想进步，极力倡导"军事救国"。他所在的协司令部同讲武堂毗邻，朱德在课余时间常向蔡锷请教问题，还向他借阅了孟德斯鸠的《法意》（注：今译为《论法的精神》）和有关介绍华盛顿、彼得大帝、日本明治维新的书籍，以及国内资产阶级共和派主张武力推翻清政府的秘密报刊。他在蔡锷那里接受了很多革命道理，还看到了蔡锷编辑的《曾胡治兵语录》。蔡锷在每一章前附以按语，阐明主旨和现实效用，朱德都细细体味。有时，蔡锷也逐章向他讲解，使他获益匪浅。

蔡锷

云贵总督李经羲惧怕革命势力在讲武堂学生中发展，1911年8月，下令特别班学生提前毕业。朱德被分配到蔡锷部下，从此，朱德直接跟随蔡锷参加了孙中山领导的资产阶级民主革命。通过接触，比蔡锷仅小四岁的朱德深切感受到蔡锷思想敏锐、毅力非凡、办事稳重、能力出众，因而对蔡锷很是尊敬甚至崇拜。蔡锷也很喜欢壮实、质朴、勤奋的朱德。

1911年10月10日，朱德追随蔡锷和云南革命党人参加了辛亥年云南重九起义。朱德所在连的连长是一个反动军官，在起义爆发时带领其他两个排逃跑。朱德得知消息后，在没有时间向上级请示的情况下，当机立断，只身疾追逃跑的部队，截住了他们。在朱德的感召和影响下，士兵们纷纷表示愿意跟他回去参加起义。这时的朱德虽然只是一个排长，但对此事的果断处置展示了他的带兵才能，给蔡锷留下了良好印象。就这样，朱德在火线上被蔡锷指定接替所在连的连长，随其他起义部队一起出发攻打城门。战斗中，他身先士卒，率部参加攻打总督衙门，第一次经历了战火的洗礼，为云南"突破几世纪封建重压的第一次革命运动"立下了战功。

11月15日，为支持四川宣布独立，朱德随蔡锷入川参加援川作战。返滇后，在庆功大会上，蔡锷赞扬朱德在云南辛亥革命和援川战斗中"指挥有方，战功卓著"，授朱德"援川"和"复兴"两枚勋章，宣布晋升他为少校。在蔡锷的帮助下，朱德还与家庭恢复了联系，这些都让朱德十分感激。

1915年12月，护国战争爆发，蔡锷率先在云南举起护国讨袁的旗帜。朱德按照蔡锷密令，在蒙自发动讨袁起义。朱德走进护国军司令部时，看到蔡锷面色苍白、两颊下陷，说起话来十分困难。得知蔡锷已身患喉疾和肺结核，病情相当严重，他紧紧握住蔡锷的手，难过地流下了眼泪。

为了护国讨袁大业，蔡锷不顾自己疾病缠身，指挥护国军与北洋军在泸州激战。作为抗击主力的朱德支队，在纳溪棉花坡以少胜多，以一当十，粉碎了北洋军不可战胜的神话。朱德也因此

第三篇章　交友篇

护国运动前夕朱德（左）与同学在昆明合影

一战成名，成为滇川军界赫赫有名的战将。袁世凯在忧愤交加中一命呜呼，护国战争最终取得了胜利。

蔡锷的病情却日益恶化，不得不东去上海、日本就医。离川前，蔡锷先到泸州朱德驻地休息了几天，朱德终日陪伴在他身边，他把自己对这位良师益友的尊崇和爱戴倾注在细致入微的照料中。临行前在码头，蔡锷握着朱德的手，声音嘶哑地说："此行东瀛，费时又费钱，是否能够痊愈，难以逆料，恐怕是凶多吉少。古人说，武将不惜死，我能够看到护国战争的胜利，也算是满足了。"蔡锷的脸上显露出一丝痛楚的惜别之情。

1916年9月，蔡锷东渡日本治病；11月8日，因医治无效病逝于日本福冈，年仅34岁。他在逝世前口授随员给国内发报："锷以短命，未能尽力民国，应以薄葬。"蔡锷的英年早逝，让朱德扼腕长叹、悲痛万分。对朱德而言，蔡锷有知遇之恩。他从蔡锷将军身上所学到的绝不仅仅是军事谋略与指挥艺术，更重要的是军事斗争中所需要的伟大的人格魅力。

（朱德故居管理局党组成员、副局长　王伟）

历史小天地

朱德为蔡锷题写挽联

1916年11月，在四川南溪驻军的上校团长朱德突然得到蔡锷在日本病逝的噩耗，他万分悲痛。朱德在泸州为蔡锷举行了特别隆重的追悼大会，题写挽联寄托对蔡锷的深切哀思，表达对师长的敬仰和怀念之情。他在挽联中写道：

勋业震寰区，痛者番，向沧海招魂，满地魑魅迹踪，收拾河山谁与问；

精灵随日月，倘此去，查幽冥宋案，全民心情盼释，分清功罪大难言。

师生情浓
主祭送别李根源

天下知重师

> 华屋作舍馆，病院送良医。
> 如兹美风仪，天下知重师。

这是朱德的老师李根源赞誉朱德尊师美德的诗，他们师生情浓，为后世所传颂。

1964年春节，国务院宴请在京70岁以上的人大代表、政协委员，李根源便是其中一位。他因年迈行动不便，坐轮椅赴会。朱德与李根源有着一段师生情谊，专门去看望李根源，并同他亲切交谈。

1909年初春，朱德报考云南陆军讲武堂。由于不是云南籍，没有被录取。不久，讲武堂补招新生，朱德以"云南临安府蒙自县"的籍贯报了名，顺利地被录取了，他感到由衷的喜悦。

入学不久，朱德的四川口音很快暴露了他的假籍贯问题。校方几位领导中有人主张开除他。当李根源了解到这个满怀赤诚来

李根源

到云南的青年家境贫寒,为了救国救民,长途跋涉一千余公里,历尽千辛万苦,克服重重困难的情况后,坚持认为不能因此将一个千里而来、有志求学的青年拒之门外。他说:"这个青年很有培养前途,籍贯错了改过来就可继续求学。"这才使朱德保住了学籍。在教官顾品珍对朱德有误解要求开除朱德时,李根源说:"我们办讲武堂的目的就是要培养像朱德这样朝气蓬勃的有志青年,我们不需要培养唯唯诺诺、循规蹈矩的学生。"顾品珍若有所悟,怒气渐消,此后在相处中也逐渐改变了对朱德的看法。

云南陆军讲武堂的军事教育和训练是近代化的,而且要求非常严格。朱德却始终保持着高昂的学习热情,常常在熄灯号吹后还挑灯夜读。在训练中,他勇敢坚毅,刻苦好学,力求每个动作都准确、敏捷。在讲武堂,他与李根源结下了深厚情谊。李根源言传身教,教学中结合国情、省情对学员进行爱国主义教育,提倡"军人武德",发扬民族气节等。

1938年,朱德从临汾前线来到西安。他得知李根源因患心脏病在西安医治后,曾两次前往看望恩师。

新中国成立后,朱德经常以书信和礼物的方式表达对老师的关心和敬重。1951年，朱德闻知李根源身体不适，电告中共中央西南局统战部护送老先生进京就医。李根源抵京的当天下午，朱德即到寓所看望；几天后，又派秘书护送李根源到北京医院做全面检查。1965年6月，李根源因年迈体弱，病情日益恶化，北京医院向朱德作了汇报。朱德亲临医院看望，在老师的病榻前坐了约半小时。7月6日，李根源去世。年近八旬的朱德出任治丧委员会主任，他拄着拐杖亲自前往北京嘉兴寺主祭并执绋送丧。李根源和朱德半个多世纪的师生情谊，实在难能可贵。

（朱德故居管理局党组成员、副局长　胡春兰）

历史小天地

朱德写给李根源的信

与李根源西安分别两年后，即1940年，朱德在百团大战的抗战前线给老师李根源写了一封信，表达对抗战必胜的信心和对恩师的问候——

印泉吾师钧鉴：西安拜别，瞬经两载。犹记病榻之侧，谆谆训示，受益良多。三年以来，德转战南北，坚持敌后，虽不敢自言有功，幸尚未辱钧命耳。……德等已于八九月间发动百团之兵力，大战于平汉、正太、同蒲、平绥、津浦铁路主要交通线上。……此次战绩略可告慰国人，亦可告慰吾师也。……我国抗战处此环境，惟有全国团结一致，发动广大民众，共同奋斗。德深信抗战建国之大业必能完成……

肝胆相照
莫逆之交孙炳文

相谋贵相知

"闻浚明噩耗传来,吾脑皆裂,顿失知觉。死者已矣,我辈责任更加。德本日出发抚州,誓与此贼鏖战,取得蒋逆头以报浚明。"你知道朱德这封信中提到的"浚明"是谁吗?他们是怎样结识的?又是如何成为莫逆之交的呢?

1917年春,经好友李贞白介绍,朱德结识孙炳文。两人一见如故,颇有相识恨晚之感。

孙炳文,字浚明,1885年生于四川省南溪县,长朱德一岁。1908年,孙炳文考入京师大学堂(北京大学前身)文科预科班。他学习勤奋,思想活跃,博览群书,常常暗中阅读同盟会办的《民报》,很快接受了资产阶级民主革命思想,决心投入推翻清王朝的斗争。辛亥革命前夕,他曾加入京津同盟会,参与过密谋刺杀摄政王载沣的活动。

第三篇章 交友篇

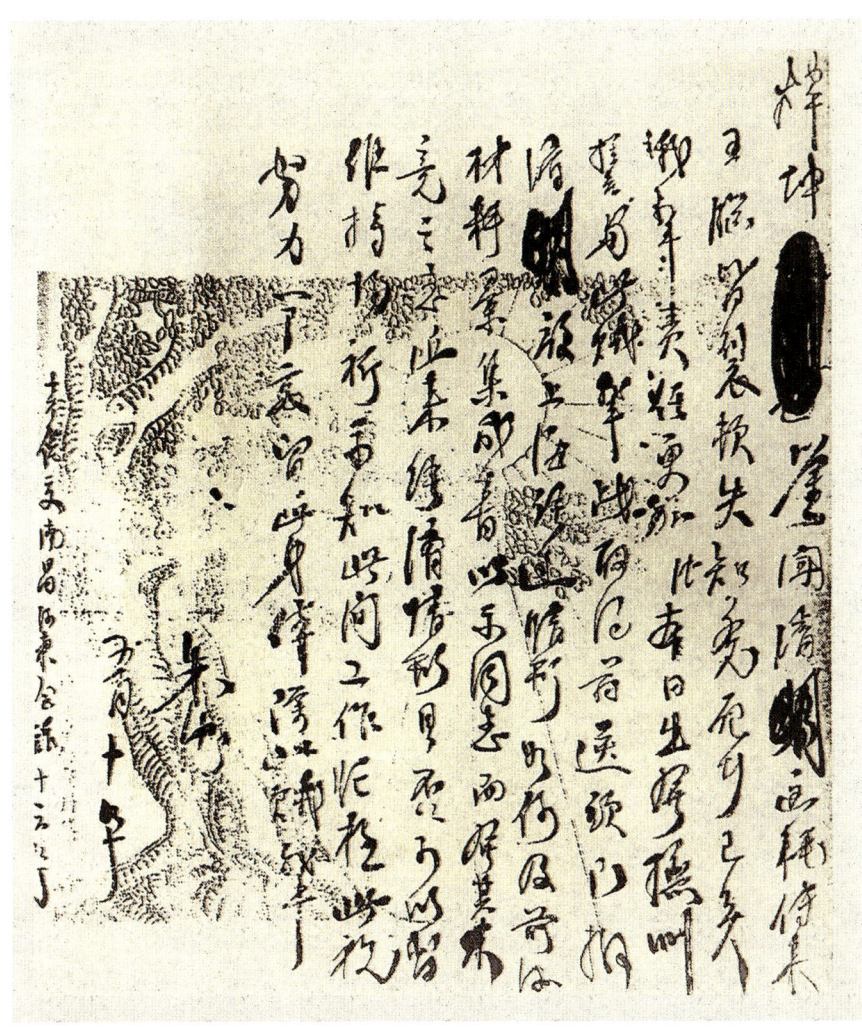

朱德得悉孙炳文被国民党反动派杀害后给孙炳文夫人任锐的信

朱德豁达大度、谦和质朴，深获孙炳文敬佩。同样，朱德对孙炳文渊博的学识、豪爽的性格、非凡的经历也很敬重。用朱德的话说就是，凡接近者均受其模范激励而有所振作。

朱德和孙炳文在泸州合影

1918年，在护法战争中晋升为滇军旅长的朱德聘孙炳文为旅部咨谋，两人朝夕相处，成为莫逆之交。

孙炳文的到来，对改变朱德的人生道路起了重要的推动作用。从1919年下半年起，朱德和孙炳文经常埋头在书斋里，一起阅读《新青年》《每周评论》《新潮》等传播新思潮的刊物，讨论他们所共同关注的问题。革命道路问题是他们经常讨论的中心话题。正是和孙炳文的讨论，朱德开始感到以往的革命之所以没有成功，一定是在某个根本性的问题上出了毛病。朱德深受种族和民族平等系列思想的影响，表示要到外国去学习，看看外国怎样维护它们的独立。

1920年5月，云南督军唐继尧图霸西南，发动了针对四川督军熊克武的"倒熊"战争，朱德身不由己卷入战争，但滇军惨败而归。可是，唐继尧仍一意孤行，仍要穷兵黩武，进军四川。朱德等滇军将领为了百姓休养生息，不得不密谋"倒唐"。

孙炳文和朱德两人商定，孙炳文先去北京，朱德"倒唐"成功之后，再前往与之会合，两人一同到国外去。

1921年2月，朱德等滇军将领"倒唐"成功，同袍以巩固新政权为由，再三挽留，朱德只好暂时留下。次年3月，唐继尧反扑，重掌云南军政大权，朱德遭到通缉，被迫出走。7月，朱德赶赴北京，见到了阔别两年的孙炳文。

在北京，孙炳文陪同朱德游览了这座古都，也看到了古都充满着腐败，寻找过共产党的领导人。随后，他们前往上海，会见了孙中山，拜会了中国共产党的领导人陈独秀。陈独秀认为朱德当过高级旧军官因而拒绝了他的入党申请。朱德只好把希望寄托在到国外去寻找拯救中国的道路。

1922年9月，朱德和孙炳文乘船前往欧洲。在德国，他们认识了中共旅欧组织负责人张申府和周恩来。同年11月，在张申府和周恩来的介绍下，孙炳文和朱德一起加入了中国共产党。1925年秋，孙炳文回国，先到北京，年底到广州，任国民革命军政治部秘书、黄埔军校和广东大学教授。

1927年春，蒋介石加紧反共步伐，阴谋准备反革命政变，孙炳文在黄埔军校演讲中坚决予以揭露和斗争。4月16日，他在取道上海前往武汉时，由于叛徒告密，被敌人逮捕。敌人对他诱以高官厚禄，遭他严正拒绝。他痛斥国民党新军阀背叛革命、危害人民的种种罪行。面对敌人的屠刀，他回答说："我是共产党员，要杀就杀！"4月20日，孙炳文在龙华被敌人杀害。正在南昌准备率军官教育团赴赣东地区执行任务的朱德，惊闻孙炳文在上海遇难的噩耗，如五雷轰顶，肝胆俱裂。这个经过多少沙场征战，见过多少横尸卧血的铁汉子，竟禁不住痛哭失声。他悲痛，不仅为失去了肝胆相照的好友，更为这个多灾多难的民族失去了一个济世之才。

1945年，在中共七大上追悼死难烈士时，朱德亲自撰文高度评价了孙炳文烈士光辉的一生。

（朱德同志故居纪念馆文物研究科副科长、文博馆员　朱茂泉）

历史小天地

朱德给孙炳文妻子任锐的复函

1945年3月24日，朱德接读任锐（孙炳文烈士的妻子）来信和所附的《孙炳文同志的简史》后，复函任锐："炳文同志革命意志坚强，以民族民主革命的锐志而走到无产阶级的战士，是一贯的革命精神。一生学而不厌，诲人不倦……凡接近者均受其模范激励而有志振作。对敌人是疾恶如仇，有灭此朝食之慨，对同志是爱护备至，情同手足之感。"6月17日，朱德在杨家岭中央大礼堂举行的中国革命死难烈士追悼大会上说：那些代表受压迫、受剥削广大人民争取人民的自由和幸福起来斗争而牺牲的烈士，人民将永远悼念他们，他们将流芳百世。朱德献挽词"浩气长存"。

患难之交
避危躲难昭觉寺

救命之恩永不忘

"我忘不了昭觉寺，有机会一定回来拜见各位，感谢救命之恩！"这是朱德1920年在昭觉寺避难时告别了尘住持与众和尚时说的话。朱德为什么会到昭觉寺避难？了尘住持与众和尚又是怎样帮助朱德脱险的呢？

1920年，川、滇两军正在川内大战。以朱德为旅长的滇军第三混成旅很快推进到成都市郊龙泉驿一带。但由于滇军兵饷无援，又失民心，9月中旬，两军在成都近郊血战，滇军大败。朱德所部死伤过半，朱德此时与大部队失去联系，来到了成都著名的古刹——昭觉寺。

夜色中的昭觉寺山门紧闭，突然间，传来几声笃笃的敲门声。和尚猛然惊醒，悄悄从门缝中观看，看到一个头戴大帽的军人，吓得不敢出声。朱德听到动静，喊道："师父，请开开门！"

当时的中国战事频繁,为保安全,方丈交代外人一律不准入内。因此,无论朱德如何敲门,和尚们都置若罔闻,毫不理会。因后有追兵,无奈之下朱德只能越墙而入。岂料还未站稳脚跟就被巡夜的和尚抓住,朱德只能说:"我是来找你们住持的,山门叫不开,后面又有追兵,不得已翻墙而入,实乃罪过。"

和尚们带着朱德来到住持的禅房,方丈了尘和尚见到朱德,念道:"阿弥陀佛!施主深夜入我佛门之地,不知有何要事?"

朱德施礼相求道:"实不相瞒,我乃滇军第三混成旅旅长朱德,不幸在龙泉驿兵败,被川军穷追不舍,逃到此处,还望方丈慈悲为怀,助我逃过此劫。救命之恩,他日必报。"

了尘一听是"朱德",眼睛一下亮了。他没想到原来站在自己面前的这位威武军人,正是扛着"朱"字旗血战棉花坡的战将朱德。了尘虽心知朱德并非奸邪之人,且护国讨袁为国贡献良多,但见他此时遭人追击,收留他恐会给寺庙带来灾难,十分为难地拒绝了朱德的请求。朱德只得再道:"佛家有云:救人一命胜造七级浮屠!大法师德高望重,昭觉寺广结善缘,早已闻名天下。……还望大师能搭救于我,助我一臂之力,让我借贵寺暂时避一避,渡过此劫。"

这时,有和尚来报,说有不少当兵的在山门外敲门、呐喊,要求进庙搜人。了尘见朱德已无处可避,一边吩咐守门和尚去告诉山门外的人庙里除了僧人别无他人,且嘱咐众人朱德在此之事不得讲出去,一边带着朱德来到八仙堂隐藏起来,并叮嘱朱德:

朱德赠送给了尘方丈的"应世人间"匾额

"朱将军切不可轻举妄动，在我佛门之地开杀戒。您请放心，有我了尘在，有昭觉寺在，我们一定保将军平安。"

了尘安排好朱德，赶到前院天王殿。此时川军破门而入，一拥而上，见一众和尚一字排开，叫嚷道："我们是川军，刚才在追一个云南部队当官的，不知道是不是跑到你们寺里了，我们要搜！"

于是几十个川军士兵，不顾了尘等人阻拦，在寺内各处散开，进行地毯式搜索。各处都搜遍了，除和尚外，再无他人，只剩下黑洞洞的八仙堂未搜。小头目跑过去砸开八仙堂的大门，一进屋就喊："莫耍花招，你藏在那里，我早就看到了，赶紧自己爬出来。"他掏出枪朝天花板扣动了扳机，只见天花板掉了下来，还落下一堆东西，仔细一看，竟是一只血肉模糊的白猫。

了尘见他们进八仙堂，心中为朱德担忧，又听见枪声，快步来到佛堂，见此情景，心下大安，不露声色道："阿弥陀佛！罪过，罪过。施主在此佛门清净地开此杀戒，如何是好啊？"

这时，一个小兵附耳对小头目说："大哥，这庙是佛爷住的地方，不比平常百姓家里。得罪了佛爷，佛爷怪罪下来，可了不得。咱们搜也搜了，确实没人，还是撤吧！"

小头目再看看八仙堂里的各位佛爷个个都"怒目圆睁"，还真是让人有点害怕，遂把手一招："走，去别处看看！"这伙川军就呼啦啦地涌向另一座佛堂，一直折腾到拂晓，一无所获，才悻悻离去。

之后，朱德在昭觉寺暂住了下来。月余后，等外面一切平静，朱德立即踏上征途，去川南追赶部队。朱德回到云南后，拜托他的朋友周官和，在成都用上等楠木为昭觉寺特制了"应世人间"牌匾。了尘方丈把朱德所赠的牌匾视为珍品，悬挂在观音阁的门楣上，使昭觉寺平添了许多光彩。朱德避难昭觉寺的佳话，一直传到现在。

（朱德故居管理局财务后勤科科长　代容）

历史小天地

朱德到昭觉寺了却心愿

新中国成立后，已经担任中华人民共和国副主席的朱德于1957年初春到云南、四川等省考察，2月25日抵达四川成都，这是他30多年后第一次回到成都。他专门抽时间到昭觉寺去，面谢当年的救命之恩，以了却几十年来一直魂牵梦萦的心愿。朱德问到了尘法师时，僧人们告诉他了尘早已圆寂。他无限感慨地说："遗憾呀！临了，也没有见到他。了尘法师是位德行很高、佛学很深的大法师。人们会永远记住他的！"朱德十分悲痛地脱帽致哀，众僧人和随行人员都为之感动。朱德久久伫立在观音阁前，望着那块"应世人间"的牌匾，几十年前那惊心动魄的经历如同昨日：龙泉驿的炮声，惨死在八仙堂的白猫，昭觉寺的暮鼓晨钟，以及了尘方丈的不了深情……

情趣相投
忧思寄于碑文中

在黑暗中摸索

朱德为陷入军阀混战的旋涡之中而苦闷,在黑暗中摸索而找不到真正的出路。革命尚未成功,老百姓依旧生活在水深火热之中,朱德对国家民族的命运、对自己人生的走向不得不存一番忧思。后来他开始感到以往的革命之所以最终没有成功,"一定是在某个根本性的问题上出了毛病"。

1921年,朱德等"倒唐"成功,唐继尧避居香港,顾品珍控制云南的军政大权。川滇局势甫定,朱德立即提出辞去军职、离开云南的请求。但朋友和同事再三挽留,要他留下为巩固新政权效力。朱德难辞盛情,只好就任云南陆军宪兵司令官,后又任云南省警务处长兼省会警察厅长。

昙华寺在昆明以东约3公里的金马山麓,是朱德喜欢去的地方。寺院的方丈映空和尚"以善艺花闻名于滇中"。寺中有一棵伏昙树，相传来自印度，每年夏季午夜开花，香溢四野，观者莫不在这里守夜观看，昙华寺因而得名。朱德任云南省警务处长兼省会警察厅长时，慕方丈映空和尚之名，常到昙华寺对弈品茗，观花赏兰，对映空和尚"词严义正"之言辞、"一尘不染"之人品十分钦佩，与映空结下了深厚友谊。

1922年2月初，朱德在即将离开昆明时，再次来到昙华寺。相见之后，方丈发现朱德神情凝重，便问朱德有何心事，朱德摇头不答。

方丈不再多言，陪着朱德游览一圈后回屋喝茶。朱德向方丈讨要笔墨纸砚，说自己来到昆明，有幸与方丈相识，难得两人情趣相投，想写一篇诗文赠给方丈。朱德挥毫泼墨，写下了这篇诗文赠送给方丈映空和尚：

敬赠　映空大和尚　雅鉴

余素喜泉林，厌尘嚣。清末叶，内讧未息，外患频来，生当其时，若尽袖手旁观，必蹈越南覆辙，不得已奋身军界，共济时艰。初意扫除专制，恢复民权，即行告退。讵料国事日非，仔肩难卸，戎马连绵，转瞬十稔。庚申冬，颁师回滇，改膺宪兵司令，维持补救，百端待理。虽未获解甲归田，较之枪林弹雨、血战沙场时，劳逸奚啻天渊。公余，尝偕友游昙华寺，见夫花木亭亭，四时不谢，足以娱情养性。询，皆映空大和尚手植，且募修庙宇，清幽古雅，洵属煞费苦心。与之接谈，词严义正，一尘不染，诚法门所罕觏，爰为俚言，以志欣慕。

映空和尚，天真烂漫，豁然其度，超然其象。世事浮云，形骸放浪，栽花种竹，除邪涤荡。与野鸟为朋，结孤云为伴，砌石作床眠，抄经月下看。身之荣辱兮茫茫，人之生死兮淡淡。寒依日兮暑依风，渴思饮兮饥思饭。不管国家存亡，焉知人间聚散。无人无我，有相无相。时局如斯，令人想向。

中华民国壬戌年孟春月　西蜀朱德　敬赠

赠映空和尚诗文碑

朱德（后左二）与金汉鼎（前左三）等游昙华寺时合影

朱德写下的这篇诗文，寄寓了他对国家命运的忧虑。1911年朱德参加的辛亥革命虽推翻了封建制度，但胜利果实为袁世凯所窃取。此后，朱德跟随蔡锷参加护国讨袁的革命战争，在全国的一片反对和唾骂声中，袁世凯倒台了。但中国的革命并没有成功，封建军阀你争我夺，连年混战，百姓越来越苦，中国的情形一天比一天坏下去……

中国的出路到底在哪里？这是朱德苦苦思索、不断寻找答案的问题。从这篇诗文中可以看出，朱德满怀对国家民族命运的忧思，考虑的仍是"时局如斯"，让他不能不为国家民族的前途焦心，不能不考虑个人应走的道路和方向。

1922年3月，云南政局再次出现意想不到的动荡。唐继尧卷土重来，重掌云南军政大权，并对朱德等人进行通缉，朱德不得不开始逃亡。

这次逃亡却成了朱德走上新的革命道路的转折点，使他能更加无牵无挂地从原来的黑暗环境中摆脱出来，踏上一条新的革命道路。

（朱德同志故居纪念馆文博助理馆员　陈月）

历史小天地

斩断封建关系，走向新生活

护国讨袁，得到人民和官兵的拥护。川滇大战，唐继尧打着"护法"旗号在四川争权夺地，遭到川人和滇军反对，官兵厌战，瘟疫流行，又无援军和补充，因而失败。朱德被迫逃离昆明后，经滇北，渡金沙江，绕至四川会理，1922年5月中旬回到南溪家中。从失败中，朱德看清了军阀的真实面目，下定决心不再为他们卖命。这一次逃亡对朱德来说并不是不幸，反倒是借唐继尧之手与封建关系彻底决裂。朱德在南溪只住了几天，便启程去北京寻找孙炳文一同出国学习新的救国救民真理。正如朱德后来回忆时所说：这一场民主革命斗争，自信还是一个顽强者，但还不能摆脱封建关系而失败，最后还借着唐继尧的手将封建关系代我斩断，使我更进入了共产主义阶段的革命。

金兰之交
川边结义雷允飞

逃亡途中化险为夷

朱德逃离昆明后，经滇北，从三江口渡金沙江，北行至四川省会理，所部大多被当地驻军缴械。朱德因有专事劫富济贫的绿林头目雷允飞相助，才化险为夷。雷允飞是怎样助朱德脱险的呢？

1922年3月，曾因想当川南王而被朱德等人赶走的唐继尧打回昆明，重掌云南军政大权，对曾经反对过自己的朱德、金汉鼎等一干将领进行通缉。朱德一行好不容易渡过金沙江，脱险之后，在大水井伍祥贞家借宿一晚。第二日清晨，在伍祥贞弟弟的引领下，赶往盐边。上路不久，突然从林里窜出一队人马，把他们围了起来。这些人全是彝人打扮，身上背着枪、挎着刀。他们用枪指着朱德等人，一个小头目瞪着一双大眼睛，操着四川口音喊道："都给老子把家伙放下，把双手举起来！哪个敢反抗，我先敲掉他的脑壳！"

朱德心想：真是"虎落平阳被犬欺"。他强压心中的怒火，平静地说："你们还未通报姓名，就要收枪，未免有点不近情理吧。弟兄们都是闯荡江湖的人，我先把话说在明处，应该如何处理，悉听尊便。"他决定把滇军的招牌打出来抵挡一阵，接着说道："这位是滇军代理总司令金汉鼎将军，那位是唐淮源将军，敝人是朱德……"

小头目见与自己搭话之人威武庄严，绝非等闲之辈，又听他说的是四川乡音，猛听他报上来的名字，都是在滇军中鼎鼎有名的高级将领，一下子慌了神，立即翻身下马，跪倒在地，说："不知是各位将军至此，失礼之处还望海涵。我们是四川边防警备队的巡逻队，不知各位老总有何吩咐。"

朱德一听是四川边防警备队，又见对方转而以礼相待，心中稍稍宽慰，心想就算不能同他们借道，暂时应该不会有什么危险。他对小头目说："我等有紧急军情，途经此地，望能借贵方一条便道前往。我等决不会在此停留打扰。"

小头目犹豫片刻，回答道："此事小人实难做主，还望派个代表前去同我大哥雷允飞商量，各位请在这里休息两天。"

朱德同金汉鼎等商议之后，派出一位副官去同雷允飞谈判。两天后，朱德一行见一支马队突然疾驰而来，朱德一眼就认出里面有派去谈判的副官，想来交涉还算顺利。

马队来到朱德等人面前，一个领头的短小精悍的汉子翻身下马，向朱德等行了一个军礼，说："雷允飞特来迎接各位将军！"

接着，拉开架势，用"袍哥"跑江湖闯码头时见面的暗语手势向朱德盘问起"海底"来。朱德在辛亥革命前也加入了哥老会，并曾利用哥老会的关系在士兵中做革命工作，所以他应付自如，对答如流。

最后，雷允飞双膝跪地，泪流满面地对朱德说："久闻大名，未曾相识，今日相见，我雷允飞三生有幸！"

朱德道："常言道，'大水冲到龙王庙，一家人不认识一家人'。弟兄们在患难中萍水相逢，既然是一家人，不必多礼，免礼！免礼！"说着，他走上前去，扶起雷允飞。

雷允飞把朱德一行接到山寨，按"袍哥"的规矩和当地的风俗举行了庆典，杀猪宰羊，摆上三百人的大宴席。朱德和雷允飞同饮结盟的鸡血酒，发誓"患难与共，富贵同享，永世不忘"。朱德从腰间取下一支刻有自己名字的勃朗宁手枪，连同八支长枪，赠予雷允飞，作为见面礼。雷允飞拿出三百钢洋和一些礼物回赠答谢。席间，雷允飞得知朱德的处境，恳求朱德留下，为他出谋划策，以图共同发展。朱德再三推辞，言明自己志在救国，将另辟新的救国之路。

在山寨休息了两天，朱德等扮成商人模样，将六十名卫队队员和六十多支长、短枪支以及自己的坐骑一并留给雷允飞，嘱咐他要把一兵一卒、一枪一弹都用到正道上。

雷允飞见留不住他，便牵来自己的"八百红"小矮马，又挑选了六名枪法极好、勇猛过人的壮士护送。到了会理后，朱德一行辞别护卫队，转道北上。

（朱德同志故居纪念馆文博助理馆员　陈月）

历史小天地

雷允飞

　　雷允飞，又名雷国柱，四川盐边（今四川攀枝花市盐边县）人，早年家境贫寒，上过几年私塾，崇尚忠义。辛亥革命前就参加哥老会，从事反清活动。辛亥革命爆发，他在川滇一带拉起一支农民武装，最多时有几千人马。随着势力的扩大，他控制了差不多整个川康地区，专干劫富济贫、与官府作对的事情，云南、四川的军阀都拿他没办法。后来，四川的军阀将他收编为四川边防军。1926年，他被国民党设计杀害。朱德从报纸上获悉雷允飞遇害的消息，感到非常痛心和惋惜。

革命情缘
赵镕与警察厅长

不一样的警察厅长

1922年1月初,朱德就任云南省警务处长兼省会警察厅长。在那个黑暗的旧社会,朱德与其他警察厅长可不一样。任职期间,他支持青年学生爱国运动,严惩贪污舞弊人员,整顿警察纪律。赵镕因何结识了这个不一样的警察厅长?又是怎样在朱德的影响下一步步走上革命道路,结下深厚的革命情缘的呢?

赵镕,云南宾川人,1899年出生在一个贫苦农民家庭。靠着伯父的资助,他才得以上了小学和中学。五四运动的浪潮席卷昆明之际,他正是云南省立第一中学的学生,凭着一腔反帝爱国的热情,成了这场反帝反封建斗争的积极参加者。进入昆明市法政学校后,他变得更成熟了,寻找一条救国道路的决心更强烈了,很快成为学校反帝反封建宣传活动的活跃分子。

一天,他的三位同学因为宣传反帝反封建而遭到治安部队的逮捕，激怒了广大师生和市民。治安部队见势不妙，便连夜把三个被抓的学生转交给警察厅，这时新任的警察厅长正是当年的护国讨袁名将朱德。

为了营救被捕学生，法政学校师生推选出七名学生代表和警察厅交涉，赵镕便是学生代表之一。师生们虽然知道朱德讨袁有功，颇负盛名，且为人刚直不阿，敢于主持正义，但他对平民百姓、爱国学生，对反抗外侮的态度究竟怎样，他们心里是没底的。但是，第二天代表们不但顺利地进了警察厅大门，也没有像过去一样站在院子里等候。代表们被客气地让进了客厅，还有人送上了茶水。紧接着，从楼上下来了一位三十多岁的青年警官，操一口四川话，

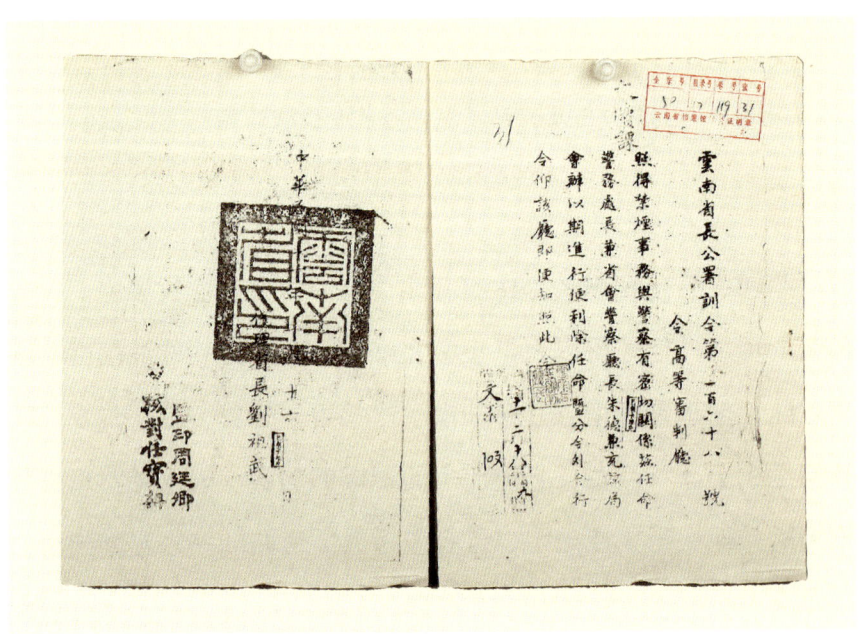

朱德调任云南省警务处长兼省会警察厅长训令

和气地同学生代表打招呼。这样一来,赵镕他们可有点"丈二和尚摸不着头脑"了。唠过一会儿后,赵镕忽然想到,朱德是位名气很大的军官,又当过旅长,恐怕得有四五十岁了,可面前这位只有三十多岁,会不会是警察厅搞的花招呢?学生代表们满腹狐疑。

朱德也早就发现学生代表们对他的身份有怀疑,便诚恳地向学生代表们解释道:"对不起,同学们!我刚才忘了向你们自我介绍了。我就是新任警察厅长朱德。""你真的是朱德?"赵镕疑惑地反问。"不错,我就是朱德。大家有什么话尽管说吧!"

谈判开始了。赵镕和其他几名代表怒气冲冲地质问:"你们为什么要抓学生?我们反对帝国主义列强侵略,犯了哪一条罪?"有的学生代表还说了些挖苦的话。朱德却毫不在意,一点儿没有生气见怪的意思,只是认真地对学生代表们说:"同学们,别误会,真的不是我们抓的。""治安部队同你们警察厅历来是秘密通气的,他们抓和你们抓有什么两样?而且抓来的人已经关在你们牢里了,这不很说明问题吗?"赵镕他们针锋相对地反驳着。

朱德转而以鼓励的口气称赞起青年学生反帝爱国、关心民族存亡的举动,这倒使赵镕他们纳闷了:这位堂堂警察厅长居然和我们学生想到一起了,和过去那些当官的态度不大一样,他真是朱德吗?

朱德仿佛猜透了学生代表的心思,就径直接着说下去:"你们青年学生关心天下大事是好的,天下兴亡,匹夫有责嘛!但是天下都发生了些什么大事？你们谁能说给我听听吗？"

这一下可把赵镕他们给难住了。几个人你瞧瞧我，我瞧瞧你，谁也没有应声。朱德似乎猜出了他们的想法，没有继续问，便自己接着讲了俄国通过十月社会主义革命建立苏俄政权，由穷苦工人和农民管理国家……几名代表虽然缄口不语，心里却不由自主地涌起了一股敬佩之意，觉得这是个了不起的军人。

朱德讲道："同学们，你们不仅应当反对帝国主义列强的侵略，还应当……"此刻，赵镕他们对朱德的怀疑已是烟消云散，剩下的只有信任和亲切感。三位被捕同学自然也被放出来了。

从那以后，赵镕和朱德就成了很亲近的朋友。他同朱德的交往，使他眼界更开阔，内心更充实，使他进一步认识到热血青年应该为国家为民族肩负重任。

1926年年底，赵镕得知朱德已经回国，正在南昌筹建第三军军官教育团，他高兴得连觉都睡不着，便决定去找朱德。这样，赵镕终于来到朱德的身边，当了教育团的副官。南昌起义前夕，赵镕正式加入中国共产党。后来经过五次反"围剿"、二万五千里长征，直到1959年因病离休前，赵镕都一直在朱德领导下工作。可以说，朱德是赵镕革命的启蒙者，是他的师长，更是他的知心朋友。

（朱德故居管理局党组成员、副局长　王伟）

历史小天地

朱德提出"誓为人民服务"

第三军军官教育团成立后,朱德在每个连队都秘密建立起共产党小组,有的连党员人数达到学员的三分之一。在第三军军官教育团开学典礼上,朱德告诫同学们:旧军阀要打倒,新军阀同样要打倒……我们必须警惕任何形式的新军阀在我们革命阵营中产生……我们要反掉任何跋扈、专横的独裁与篡国窃权的阴谋,才能完成我们的革命任务,才能彻底实现革命。他十分重视提高学员政治思想觉悟的教育,明确提出"誓为人民服务"。1927年6月30日军官教育团颁发给学员彭志刚的毕业证书上方印有"誓为人民服务"六个大字。

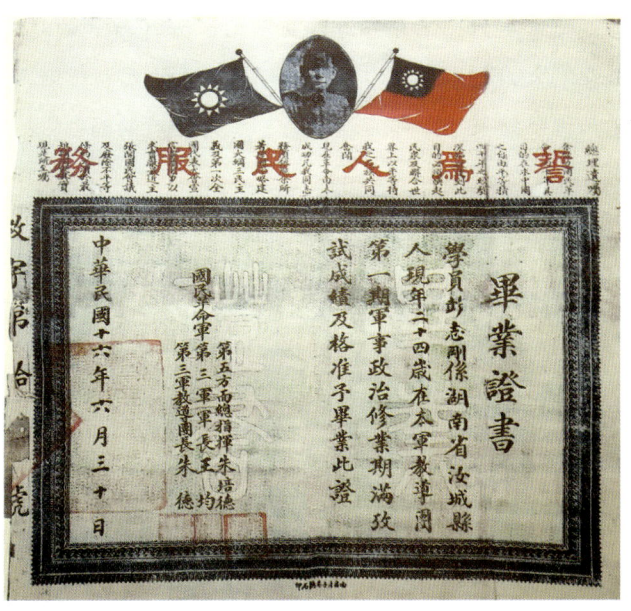

第三军军官教育团学员彭志刚的毕业证

同学情深
与范石生的合作

范石生助朱德脱离险境

"在红军的发展上来讲,范石生是值得我们赞扬的。"南昌起义起义军主力南下广东潮汕失败后,朱德率领的起义军余部能够保存下来,成为革命的火种,与范石生的无私帮助是分不开的。他是如何帮助朱德所部渡过难关、脱离险境的呢?

朱德所率的南昌起义军余部在经过"赣南三整"后,虽然部队的状况得到显著改善,但仍面临许多严重困难。衣服、鞋袜、粮食等给养特别短缺,子弹、医疗设备和药品无法解决,部队越来越疲惫、虚弱。如何保存下去,成为摆在朱德面前亟待解决的重大课题。

就在朱德率部于上堡整训期间,他从报上意外了解到同学范石生率部就驻扎在附近的郴州、汝城一带。他与陈毅商量后,便写信给范石生,希望一起合作。

范石生同粤系、桂系、湘系军阀都有矛盾，而同蒋介石的矛盾更为尖锐。蒋介石当上国民革命军总司令后，范石生担心蒋介石报复，心里自然更有顾虑，所以，他急需盟友。还在朱德率南昌起义余部转战时，范石生便几次派人秘密寻访，进行联络。

范石生

朱德的信发出约半个月后，范石生派人送来复信，表示自己寄人篱下，正想与朱德共商良策，图谋自强，希望朱德到汝城与曾曰唯会晤。

1927年11月20日，朱德带着教导队从崇义的上堡出发，去汝城同曾曰唯开始为期两天的合作谈判。在谈判中，朱德提出三个条件：我们是共产党的队伍，党什么时候调我们走，我们就什么时候走；给我们的物资补充，完全由我们自己支配；我们的内部组织和训练工作等，完全按照我们的决定办，不得进行干涉。最后，双方达成协议：一、同意朱德提出的部队编制、组织不变，要走随时可走的原则；二、起义军改用第十六军四十七师一四〇团的番号，朱德化名王楷，任四十七师副师长兼一四〇团团长（不久，范石生又委任朱德为第十六军总参议）；三、按一个团的编制，先发一个月的薪饷，并立即发放弹药和被服。

朱德与曾曰唯谈判旧址——湖南汝城储能学校

范石生认真地执行了这些协议。他按照一个团的军需品和粮饷补给了朱德所部，接济了十万发子弹，还一个月接济万把块钱以及医生、西药、被单、棉服、军毯等。朱德部队在制服、装备方面与范军没有区别，但在精神上却截然不同。随后，朱德部队开到汝城西北方向的资兴时，又从范石生那里领了五六十万发子弹。

这段时间内，朱德以第十六军总参议的名义，不时到军司令部与范石生会晤，谈笑风生。他们有时讲到过去在昆明翠湖之滨相聚的岁月，有时又讲到现时中国革命的前途，相处得很融洽。

朱德在党的活动分子会上讲到同范石生合作的意义时说过："范石生之所以与我们达成协议，实现联合，是想扩充队伍，壮大实力，同蒋介石以及其他军阀对抗。我们这样做，是为了与范部建立统一战线，以他为掩护，隐蔽目标，积蓄与发展力量，绝不是放弃原则，顺从他人，也绝不能束缚住自己的手脚，我们应该独立自主地进行活动。"大家一致拥护这一决定。

朱德利用这段安定的时间，在粤北韶关西北三十里的犁铺头抓紧训练部队，并亲自上课，在部队作战队形、情报侦察、熟悉武器、开枪原则、游击战术等方面都作了要求。他们无论在驻防或行军时，都照样打击当地的地主恶霸、土豪劣绅，有力地支持、保护和壮大了地方党组织、农会和农民武装力量。范石生听到有人向他报告，但从没有过问和制止过。

1928年年初，蒋介石发觉南昌起义军余部隐蔽在范石生部队里，立即下令要范石生解除起义军的武装，逮捕朱德。蒋介石还派方鼎英部监视他们的动向。范石生不忘旧谊，信守协议，立即派人将情况告知朱德，劝他离去，还送上一万块钱。他在给朱德的信上说："孰能一之？不嗜杀人者能一之……最后胜利是你们的，现在我是爱莫能助。"

在这万分紧急的情况下，朱德必须立即率部脱离险境。他最初准备按照广东省委的意见，去东江同广州起义的余部会合。但部队刚到达仁化，突然发现国民党第十三军正开往仁化东面的南雄，切断了起义军前往东江的去路。朱德当机立断，在收罗广州起义的一部分失散人员后，折向湘南，去实现他酝酿已久的湘南起义。

（朱德故居管理局党组成员、副局长　胡春兰）

历史小天地

范石生给朱德的回信

朱德后来回忆说:"南昌起义前,驻在湖南的范石生第十六军同我们党保持着统一战线关系,该军内部仍然有我们党的组织,范石生也有同我们联合一起进入广东之意。南昌起义后,部队南下时,周恩来同志就给我们写了组织介绍信,以备可能同范石生部发生联系时用。"

范石生在给朱德的回信中写道:

> 春城一别,匆匆数载。兄怀救国救民大志,远渡重洋,寻求兴邦救国之道。而南昌一举,世人瞩目,弟感佩良深。……来信所论诸点,愚意可行,弟当勉力为助。兄若再起东山,则来日前途不可量矣!弟今寄人篱下,终非久计,正欲与兄共商良策,以谋自立自强。希即枉驾汝城,到日唯(注:第十六军四十七师师长曾日唯)处一晤。专此恭候。

附录

朱德同志故居纪念馆简介

朱德同志故居纪念馆位于朱德同志的故乡四川省仪陇县马鞍镇。1978年12月13日经中共中央批准兴建，1982年8月1日落成开馆，邓小平同志亲笔题写馆名。2004年8月，在时任中共中央总书记胡锦涛同志的亲切关怀下，朱德同志故居纪念馆进行了改扩建，2006年12月1日完工。改扩建后的纪念馆建筑面积5560平方米，砖瓦混凝土结构仿古建筑平房，具有浓郁的川北民居建筑风格。大门外是1500多平方米的朱德汉白玉像广场，正前方是宽8.1米、高30余米、共206级的军功道。

2016年，朱德同志诞辰130周年之际，纪念馆进行了改陈提升。改陈后的纪念馆陈展面积4577平方米，设置了"朱德生平事迹"基本陈列、"思念"专题陈列和互动体验区三大板块。基本陈列按照时间顺序和历史事件进行设计编排，共分为9个部分32单元。整个陈展紧扣"人民的光荣"主题，内容丰富，重点突出，手段新颖，配套完善，大量运用图片、实物并适当运用场景、多媒体，实事求是地展示了朱德同志的丰功伟绩，恰如其分地讴歌了朱德同志坚定的理想信念、崇高的思想品格和高超的政治智慧。

纪念馆先后获得全国中小学爱国主义教育基地、全国爱国主义教育示范基地、全国党员干部革命传统教育基地、国家国防教育示范基地、全国廉政教育基地、全国"我最向往的党史纪念地"、全国关心下一代党史国史教育基地、国家一级博物馆、全国中小学生研学实践教育基地、全国首批"大思政课"实践教学基地、中国华侨国际文化交流基地等荣誉，是开展爱国主义教育、革命传统教育、廉政教育、国防教育和研学实践活动的重要场所。

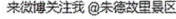

后记

在新中国成立 70 周年、建党 100 周年等重大历史时刻，为大力弘扬红色文化，宣传朱德精神，传承红色基因，激发广大青少年的报国之志和爱国之情，引领广大青少年树立正确的世界观、人生观、价值观，朱德同志故居纪念馆特组织编写了《朱德青少年时代的故事》一书。

本书分为立志篇、求学篇、交友篇三个篇章，选取朱德青少年时代的故事 34 个，从不同角度展现朱德同志志存高远、矢志不渝，刻苦学习、善于学习，广交朋友、重情重义的优秀品质，希望广大青少年从本书汲取营养，从小树立共产主义远大理想，认真读书，将革命先辈开创的伟大事业继续推向前进，为实现中华民族伟大复兴的中国梦而努力奋斗。

本书由朱德故居管理局党组书记、局长赵亮担任主编。第一篇章"立志篇"由余洋编写；第二篇章"求学篇"前两篇由余洋编写，后八篇由高炯森编写；第三篇章"交友篇"前两篇由许宏强编写，第三篇和第九篇由王伟编写，第四篇和第十篇由胡春兰编写，第五篇由朱茂泉编写，第六篇由代容编写，第七篇和第八篇由陈月编写。朱茂泉、涂小清、朱爽负责配图，朱茂泉、余洋负责统稿，王伟、胡春兰、赵海、许宏强负责全书初审，赵亮负责全书的最终审核。

本书的编写参阅了《朱德传》（修订本）、《朱德年谱》（新编本）、《朱德画传》、《开国领袖画传系列：朱德》、《朱德人生纪实》、《领袖故事丛书：朱德的故事》、《朱德诗词赏析》、《朱德自述》、《朱德诗词曲赏析》、《朱德德育故事集》、《朱德文物故事》、《朱德传奇故事》等多种已出版的相关著述、回忆文章和网络资料。由于篇幅有限，未能一一注明作者、出处，敬请谅解，并在此向这些作者和编者表示感谢！

由于编者水平有限，加之资料的局限性和编写时间仓促，书中难免有遗漏之处，敬请专家学者和广大读者批评指正。

编　者